기본**전략**으로
판을 지배하라

기본에 충실하면 기력향상은 저절로 따라온다!

기본**전략**으로
판을 지배하라

2판 1쇄 발행 2024년 9월 30일

감 수   목진석
지은이   이하림
마케팅   조정빈
발행인   조상현
발행처   더디퍼런스

등록번호   제2018-000177호
주소   경기도 고양시 덕양구 큰골길 33-170
문의   02-712-7927
팩스   02-6974-1237
이메일   thedibooks@naver.com
홈페이지   www.thedifference.co.kr

독자여러분의 소중한 원고를 기다리고 있습니다. 많은 투고 부탁드립니다.

ISBN 979-11-6125-510-1 13690

이기는 바둑

목진석 감수 · 이하림 지음

기본전략으로 판을 지배하라

기본에 충실하면 기력향상은 저절로 따라온다!

더 디퍼런스

어떤 일을 하든 원하는 방향으로 가닥을 잡으려면 먼저 목표를 세우고 그걸 이루기 위한 구상을 해야 합니다. 그리고 그런 구상을 구체화하기 위해서는 세부적인 계획을 세워야 하겠죠.

한판의 바둑에서도 좋은 결과를 얻고 더욱 강해지려면 출발점인 포석 시기 부터 구상을 잘 해야 하며 그에 따른 전략도 잘 짜야 합니다.

실은 이기는 바둑을 두려면 포석이든 정석 과정이나 이후든, 대개 중반전 에 돌입하기까지 어느 시점이나 전체적 관점에서 전략이 필요하고, 그것을 시 행해 성공적인 결과를 이끌어내기 위한 전술과 세세한 기술이 요구됩니다. 그 기술 하나 하나가 모여서 전술이 되고 각각의 전술이 입체적으로 연결되면 전 략이라는 큰 그림이 나오게 됩니다. 따라서 바둑의 승패는 부분적 결과보다 그 전략의 성패에 달려 있음은 말할 나위도 없겠지요.

그런 방향에서 이 책의 특징은 정해진 틀의 부분적 평가에 구애받지 않고 전체적 관점에서 실전적이고 주도적인 흐름 위주로 서술하는 데 목표를 두었 습니다. 따라서 주로 전략적으로 유리한 상황을 이끌어내는 수법들을 소개합니다. 어쩌면 그런 수법 가운데는 고정된 사고로 보면 좀 생소한 것도 있지만, 바둑이 발전하고 강해지기 위한 방편이라 생각하면 좋겠습니다.

구체적으로 이 책은 크게 세 장르로 나누고 다음과 같이 구성했습니다.

1장 '포석과 연관된 전략' 편에서는 가장 많이 쓰이는 초반 포석에서 7개의 테마를 제시하고, 그에 따르는 여러 가지 전략과 전술 내용을 다루었습니다.

2장 '화점과 3三 전략' 편에서는 한판의 전략을 짜는 데 결정적 도움이 되는 화점 주변의 여러 가지 공방을 다룹니다. 구체적으로 영원한 귀의 숙제인 3三침입과 그 대응방법에 대해 10개의 테마로 나누어 정리했습니다.

3장 '전략을 위한 부분전술과 응수타진' 편에서는 주로 정석 이후를 비롯한 포석의 마무리 시점이나 본격 중반전에 돌입하기 전에 나올 수 있는 형태를 다루었습니다. 구체적으로 8개의 테마로 정리했는데, 여러 가지 부분전술 가운데 핵심적 내용을 5개의 테마로 추려 풀이했고, 더불어 소목 굳힘에서 잘 나오는 삭감의 대표격인 3가지 응수타진을 추가로 제시했습니다.

각 장마다 본문의 구성 방식은 기본적인 '전략 테마'가 끝나면 '연습 테마'로 이어집니다. 연습을 통해 복습 효과와 실전의 응용력을 키울 수 있습니다. 더불어 알차게 배우도록 본문의 중간 중간에 필요에 따라 보충 성격의 코너를 두어, 가벼운 내용은 '원포인트 레슨', 심화된 내용은 '레벨업 레슨'으로 구분했습니다. 전체적으로 보면 입체적인 학습 효과를 낼 수 있도록 구성했습니다.

흔히들 부분에 치우치지 말고 전체를 보라고 합니다. 나무를 보고 숲을 보지 못하는 우를 범할까봐 보내는 경고의 메시지겠죠. 그러나 부분이 없으면 전체도 없을 것입니다. 부분이 모여서 전체가 됩니다. 부분적으로 최선을 구하면서 전체적으로도 조화를 이루는 흐름을 일구어낸다면 가장 이상적이지 않을까요.

미흡하나마 이 책을 통해서 부분전술에 강해지고, 나아가 전략적으로 발전해 판을 지배하는 구상력을 발휘하기 바랍니다.

이하림

● 차례

1장 포석과 연관된 전략 ● 9

1형 초반의 주도권을 잡는 전략 ● 11

2형 전략 품은 응수타진 ● 18

3형 마주하고 있는 중앙은 크다 ● 25

4형 협공하지 않는 전략 ● 31

5형 중국식 포진을 상대로 한 전략 ● 39

6형 고바야시 스타일을 상대로 한 전략 ● 51

7형 미니중국식을 상대로 한 전략 ● 57

연습 1. 세력을 활용하는 전략 ● 65

연습 2. 갈라침에 기수를 돌린 이유 ● 72

연습 3. 굳히지 않고 벌림으로 비튼 경우 ● 76

연습 4. 고바야시 스타일의 포진에서 ● 80

연습 5. 개방형 소목 굳힘에서 생소한 걸침 ● 85

연습 6. 평행형 소목 굳힘에서 상식 외의 걸침 ● 88

연습 7. 중국식 포진에서 안쪽 걸침 ● 90

연습 8. 중국식에서 걸침 후 즉각 3三침입 ● 93

2장 화점과 3三 전략 ● 95

1형 숙명의 선택/ 어느 쪽을 막느냐? ● 97

2형 흑의 이단젖힘/ 그 의도는 무엇인가? ● 101

3형 젖히고 끊는 상용수단에 대해 ● 104

4형 동향을 살피는 날일자 늦춤수 ● 107

5형 강한 돌이냐 약한 돌이냐 ● 110

    유사형 1 ● 113

    유사형 2 ● 116

6형 강한 돌이라고 판단될 때 응수법 ● 124

    유사형 ● 126

7형 날일자받음에서의 3三침입 ● 127

    유사형 1 ● 132

    유사형 2 ● 135

8형 날일자굳힘에 3三침입 ● 140

    유사형 ● 142

9형 눈목자굳힘에 3三침입 ● 147

    유사형 1 ● 149

    유사형 2 ● 152

10형 양날일자 굳힘에 3三침입 ● 156

    연습 1. 어느 쪽으로 막아야 할까? ● 159

    연습 2. 한칸협공 이후 갈림길 ● 161

    연습 3. 눈목자굳힘에서의 공방 ● 163

    연습 4. 조금 복잡한 국면에서의 대응법 ● 165

    연습 5. 주변 돌의 강약에 따른 처리법 ● 167

    연습 6. 변에 먼저 침입하고 나서 3三침입 ● 169

    연습 7. 사활이 연관된 선택문제 ● 171

    연습 8. 엷은 배석에서의 3三침입 ● 173

    연습 9. 추격의 실마리를 찾으려는 침입 의도 ● 175

    연습 10. 화점에서 눈목자+마늘모굳힘의 경우 ● 177

3장 전략을 위한 부분전술과 응수타진 ● 179

1형 밀어붙이기 정석 도중에서 ● 181

2형 귀의 버림을 활용한 후속수단 ● 185

3형 성석완료 후의 초점은 어디일까? ● 191

4형 정석 이후 진영의 파괴수단 ● 195

5형 소목의 기본정석 이후 2선의 침투 ● 200

6형 소목 날일자굳힘에서 응수타진 ● 203

7형 소목 한칸굳힘의 양날개에서 응수타진 ● 221

8형 귀의 날일자굳힘에서 모자삭감의 응수타진 ● 235

　　연습 1. 화점 날일자굳힘에 쳐들어간 형태 ● 247

　　연습 2. 상당한 세력권을 형성하기 전에 ● 249

　　연습 3. 족보에 있는 수법 ● 252

　　연습 4. 맥점 뜀에서의 처리법 ● 255

　　연습 5. 주변 포진을 염두에 둔 처리법 ● 257

　　연습 6. 입체화되기 전의 응수타진 ● 259

　　연습 7. 바깥쪽 젖힘일 경우 ● 261

　　연습 8. 소목 눈목자굳힘의 두칸벌림에서 ● 263

1
포석과
연관된
전략

한판의 바둑에서 모든 분야가 다 중요하지만 특히 초반, 그중에서도 포석은 바둑의 출발선상에 있으므로 매우 중요하다. 포석은 이렇게 중요하면서도 어떻게 두어도 좋다는 생각으로 자칫 소홀히 하기 쉽다.

　실은 바둑을 잘 두려면 포석부터 구상과 그에 따른 전략을 잘 짜야 하며 그런 구상과 전략을 구체화하기 위한 기술적 학습이 필요하다.

　이 장에서는 초반에서 앞서기 위한, 아니 적어도 뒤처지지 않기 위한 전략을 단편적이지만 많이 나오는 7가지 테마를 배경으로 집약해서 살펴보기로 한다. 단편적이라 해도 이런 전략적인 발상은 포석 전체에 도움을 준다는 생각으로 배워두기 바란다.

　이어지는 8개의 연습은 복습을 겸해 실전의 응용력을 키우기 위한 내용이다.

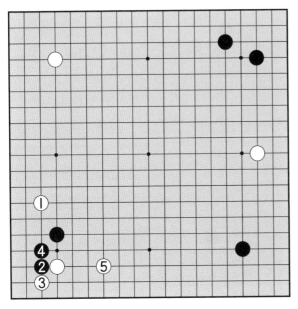

장면도

전략 테마

좌하귀에 주목하기 바란다.

흑의 한칸걸침에 백1의 한칸낮은협공으로 출발했다. 흑2, 4의 붙여끌기에 백5의 벌림으로 일단 백이 주문을 건다. 다음 흑의 태도가 자못 궁금한 장면이다.

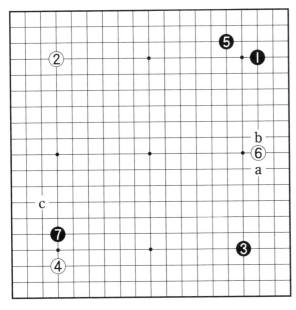

1도

1도(과정)

흑1의 소목, 3의 화점에서 5의 날일자굳힘은 일명 '개방형 굳힘포석'이다. 백은 화점과 마주보는 소목을 배합했다.

백6의 갈라침은 a나 b도 있으며, 흑7의 한칸걸침에 백c로 협공한 것이 출발점이었다.

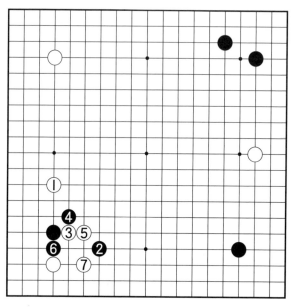

2도

2도(두칸높은협공)

흑의 한칸걸침에 협공이라면 백1의 두칸높은 협공이 좀 더 많이 사용할지도 모른다.

그러면 흑2의 눈목자 씌움은 상식적인 행동일 것이다. 백3의 붙임도 가장 많이 쓰이는 수이며 흑4, 6에는 백7로 한칸뜀이 틀이다.

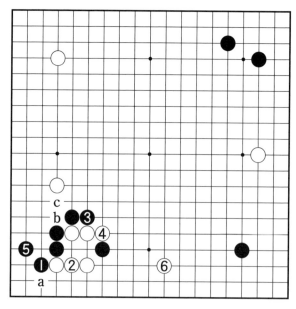

3도

3도(간명한 코스)

계속해서 흑1과 3으로 백2와 4를 문답하고 흑5로 호구치는 것이 이 변화 가운데서 가장 간명한 수법이다.

흑5를 a에 빠지는 것은 백b에 끊겨 흑c 이하 지옥과도 같은 난해한 코스로 간다.

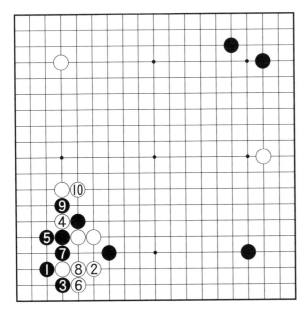

4도

4도(유력한 붙임)

앞 그림은 나름대로 전혀 다른 한판의 바둑인데, 흑은 도중에 1로 붙이는 유력한 변화를 들고 나올 공산도 크다.

수순은 길지만 백2 이하 10까지는 거의 외길이나 다름없다. 이다음~

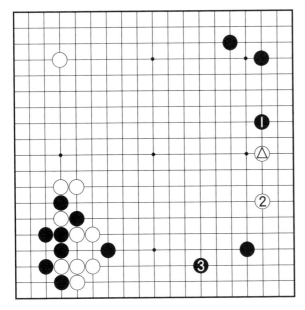

5도

5도(전략에 말리다?)

흑1로 △를 압박해 백2의 벌림을 유도하고 자연스럽게 흑3으로 응수하며 좌하 백 세력을 지우는 것이 멋진 호흡이다. 그렇다면 애초 백의 협공 이하 4도의 진행은 흑의 전략에 말려든 느낌도 있다.

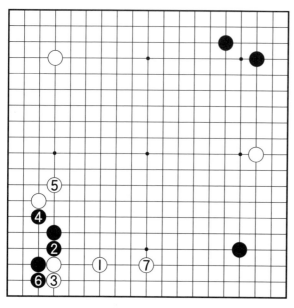

6도

6도(백, 유장한 국면)

장면의 3으로는 백1로 두칸을 벌리는 수도 재미있는 착상이다.

흑2의 치받음 이하 7 까지는 하나의 정형인데, 백은 이런 식으로 국면을 유장하게 이끌 수 있다면 전략적으로 성공한 셈이다.

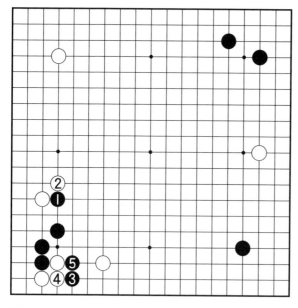

7도

7도(노림을 품다)

장면으로 돌아가서 흑1, 백2를 문답하고 흑3으로 들여다보는 수는 노림을 품고 있다(실제로 프로의 실전에서 두어지기도 했다).

그것은 백4로 잇는다면 흑5로 막아 버리려는 것이다. 이다음~

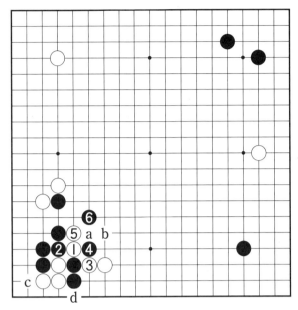

8도

8도(흑의 수읽기)

백1의 젖힘에 흑2의 끊음은 당연한 움직임이며, 백3으로 흑 두점을 잡을 때 흑4로 끊고 6에 씌우려는 것이 흑의 수읽기였다.

백a에는 흑b로 돌려쳐서 기분이 좋다. 흑c도 선수이므로 백은 차라리 d로 받는 것이 낫다. 그러면 서로 어렵다.

9도

9도(유력한 수법)

앞 그림 4로 쉽게 두자면, 흑1로 가만히 끊는 것도 유력한 수법이며 이후 수순은 정석 코스이다.

백2 이하 6은 정확한 수순이며, 이다음 흑은 a로 그냥 잡든가 흑b 이하 g까지 선수하고 흑a로 손을 돌리든가 할 것이다.

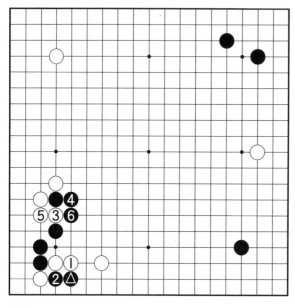

10도

10도(백의 반발)

실전에서는 흑이 ▲로 들여다봤을 때 백1로 반발해 흑의 주문을 거부했다.

그러면 일단 흑2의 끊음은 따끔하다. 백은 3으로 단수하고 5에 이어 이쪽에서 대가를 구할 수밖에 없다.

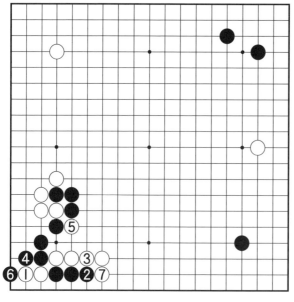

11도

11도(분단하려는 작전)

백1은 흑2를 강요해 백3으로 자연스럽게 이은 후 5에 끊어서 흑을 분단하려는 작전이다.

흑4는 절대이며 6도 어쩔 수 없는 응수이다. 백7로 꼬부려 막은 다음~

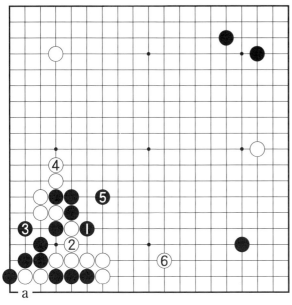

12도

12도(수비의 틀)

흑1로 단수하고 3에 마늘모한 것은 절대이다. 이 수가 없으면 백a의 꼬부림에서 3의 마늘모로 귀의 흑이 사활에 걸린다.

다음 백4는 이것이 수비의 틀이며 6까지 흑이 성공했다고 보기는 어렵다.

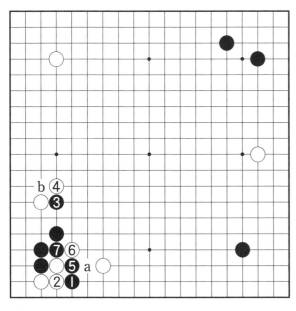

13도

13도(먼저 들여다본다)

흑은 이 상황에서 1로 먼저 들여다보는 것이 좀 더 확실하다. 이랬으면 백은 2로 잇지 않을 수 없다. 그러면 흑3, 백4를 문답하고 흑5, 7로 끊는다. 다음 백a, 흑b 이하는 9도를 참조하기 바란다.

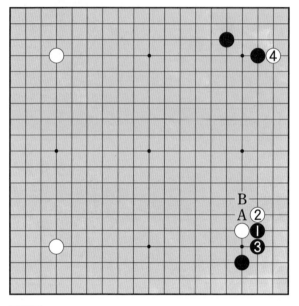

장면도

▨ 전략 테마

우상귀는 흑의 날일자 굳힘. 우하귀 소목에 백의 한칸걸침 때 흑1로 붙이고 3에 끈 것은 가장 보편적인 수법이다.

여기서 백A나 B가 보통인데 4로 붙여 응수를 물은 것이 전략을 품은 수법이다.

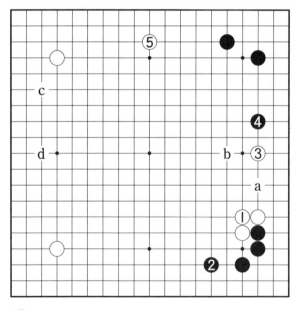

1도

1도(책략 부족)

백1로 꽉 잇고 3에 벌리는 것은 정석이지만 책략 면에서는 부족하다. 흑4의 다가섬이 호점이다. 다음 흑a의 침입을 방어하기 위해 백b로 뛰면 무난하지만 발이 늦다. 백5에 선행한 것은 그 때문이며, 흑은 c에 걸치거나 d로 갈라치게 된다.

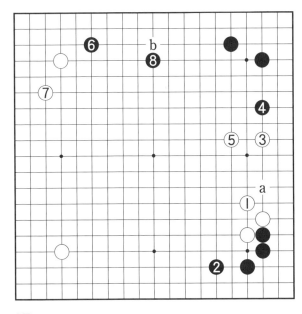

2도

2도(대동소이)

백1로 호구치고 3에 벌리는 정석을 선택하는 것도 앞 그림과 다를 바없다.

흑4의 두칸벌림 겸 다가섬이 큰 수. 백5로 뛰어 a의 침입을 방비한다면 흑6에서 8로 구축해서 멋지다.

수순 중 백5로 b는 흑 a의 침입이 준엄하다.

3도(귀살이가 남다)

본론으로 들어가서, 백 ⑭의 붙임에 대해 흑1로 바깥쪽을 는다면 백은 그제 서야 2, 4의 정석 코스를 밟는다.

흑은 a로 한칸을 벌리기도 좀 어색할 것이다. 왜냐하면 좁기도 하고 백b의 귀살이가 남아 있기 때문이다.

3도

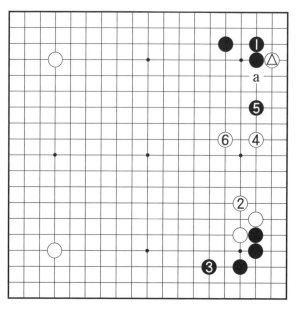

4도

4도(젖혀올림을 엿본다)

백△에 대해 흑1로 응수한다면 백은 2로 호구치고 4에 벌리는 정석을 선택할 것이다.

흑5로 다가선다면 백6으로 한칸을 뛰어서 비록 후수이지만 두터운 모습이다.

이다음 백은 a에 젖혀올리는 수를 엿보게 된다.

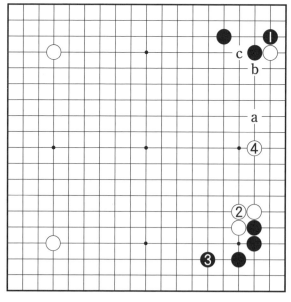

5도

5도(소기의 성과)

흑1로 안쪽에서 받는다면 이대로 놔두고 백2, 4의 정석 과정을 거치는 것이 좋다.

다음 흑이 a로 다가서는 것이 좋은 수이지만, 흑은 b로 젖히는 수나 c로 껴붙이는 수를 봐서 충분히 소기의 성과를 거둔 셈이다.

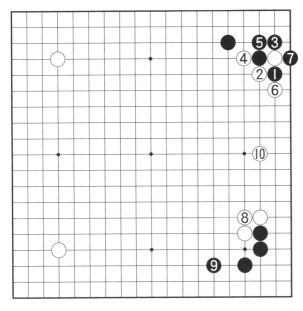

6도

6도(상용의 맞끊음)

흑1의 바깥쪽 젖힘이면 백은 2로 맞끊는 것이 상용의 수법이다.

흑3으로 곱게 잡는다면 백4와 6의 단수를 기분 좋게 활용하고 8, 10으로 정석을 완료한다.

위쪽에서 활용해 둔 백돌 들이 보탬이 됨은 불문가지다.

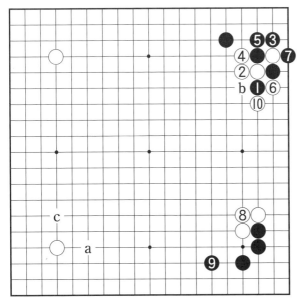

7도

7도(흑, 축머리를 두다)

앞 그림 3으로는 흑1로 단수하고 3에 잡는 수도 있다. 그러면 백은 4에서 6을 선수한 다음 8에 잇고 10의 축으로 흑 한점을 잡게 된다.

다음 흑a의 축머리에 백은 b로 따내고 흑c로 양걸침하는 진행이 예상된다. 많이 두지는 않지만 전략상 시도는 가능할 것이다.

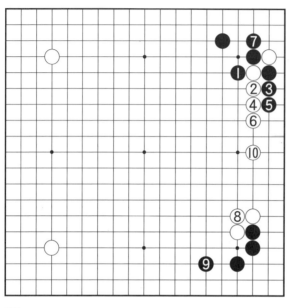

8도

8도(백, 두터운 모습)
백의 맞끊음에 흑1쪽에
서 단수하고 백2에 흑3
으로 따라붙는 것은 부
분적으로는 유력한 수
법이지만 전체적으로는
그렇지 못하다.

　우상귀가 7까지 일단
락된 후 백은 8에 잇고
10으로 정비해서 두터
운 모습이다.

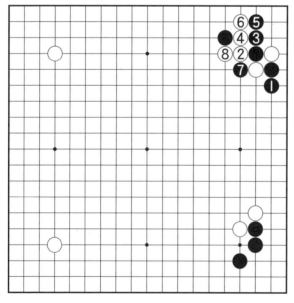

9도

9도(발상의 전환)
4도~8도는 좋고 나쁨
을 떠나 백의 전략 속에
들어 있는 진행들이다.

　그러면 흑도 달리 두
고 싶어질 것이다. 부분
적으로는 좋은 수가 아
니지만 흑1이 재미있다.
백6까지 뚫리지만 발상
의 전환이랄까, 이런 시
도도 해보면 어떨까.

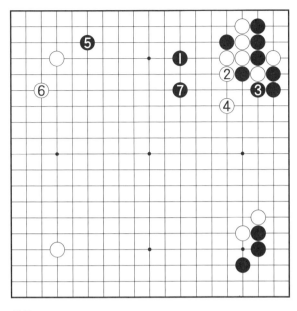

10도

10도(백의 의도 분쇄)
앞 그림에 이어, 흑1로
공세를 펼 수 있어 귀에
서의 손해는 만회하고
도 남는다. 백2, 4를 기
다려 흑5로 하나 걸쳐
놓고 7에 뛰어서 계속
백을 추격한다.

흑이 유리하다고는
할 수 없지만 백의 의도
는 분쇄하고 있다.

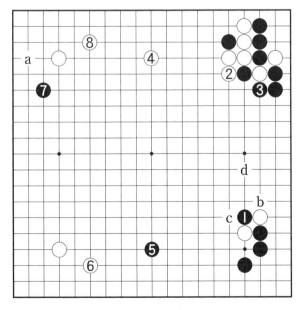

11도

11도(전선에서 이탈)
흑1로 끊는 것도 큰 수
이기는 하지만 포인트
에서 벗어나 있다. 이를
테면 전선에서 이탈했
다고나 할까.

백은 2에서 4로 상변
을 구축하는 것이 적절
하다. 백8 다음 흑a, 백
b, 흑c, 백d를 예상할
때 흑이 기분 나쁜 흐름
이다.

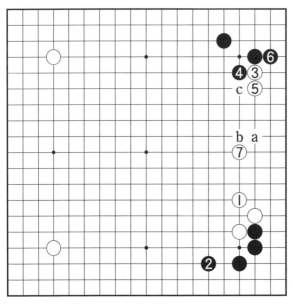

12도

12도(옆구리 붙임)

백1로 호구치고 흑2 때 백3쪽으로 붙여가는 수법도 있다. 흑4, 6을 기다려 백7로 높게 구축하려는 것이다(물론 백a도 있음).

다음 흑은 b의 붙임, 백은 c의 꼬부림이 좋은 곳이다.

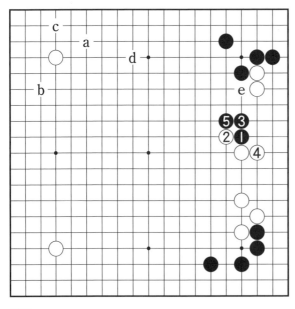

13도

13도(붙임 이후)

흑1로 붙이면 백2로 위쪽을 젖히고 4에 내려서는 것이 이럴 때 쓰는 응수법이다. 흑5의 꼬부림은 빼놓을 수 없는 한 수이다.

처음부터 흑1로 a에 걸치고 백b에 흑c(혹은 d)면 백e의 꼬부림이 호점이 된다.

3형 마주하고 있는 중앙은 크다

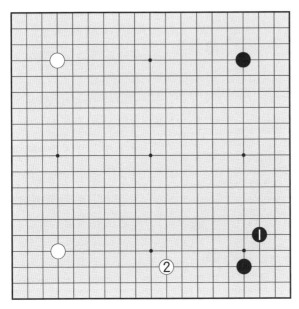

장면도

▨ 전략 테마

백의 양화점에 흑은 화점과 마주보는 소목을 배합한 포진에서 1의 날일자굳힘이다.

백2로 하변에 전개한 것은 마주하고 있는 중앙에 해당하는 큰 곳이다. 이렇게 두고 흑의 동향을 살피는 전략이다.

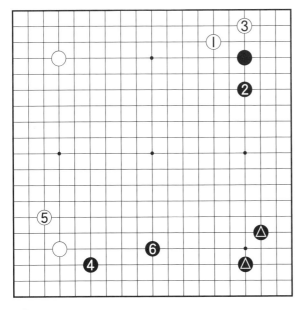

1도

1도(굳힘이 빛난다)

이 상황에서 백1로 우상귀에 걸치는 것은 좀 생각해볼 필요가 있다. 흑2, 백3 때 흑은 좌하귀에서 4로 걸치고 6으로 하변을 구축할 공산이 크다.

이렇게 되면 우하귀 흑△의 날일자굳힘이 너무도 빛난다. 백은 책략이 없었다.

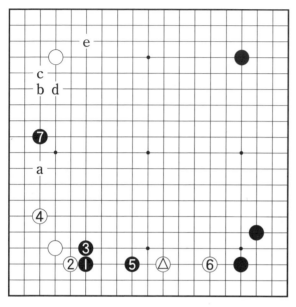

2도

2도(올망졸망한 포석)

백△에 대해 흑1로 안쪽에서 걸치는 착상도 가능하다.

백은 2로 마늘모 붙이고 4에 날일자하는 것이 보통이며 흑5, 백6의 진행은 필연이다.

흑7의 갈라침 다음 백a, 흑b, 백c, 흑d, 백e로 올망졸망한 포석이 된다.

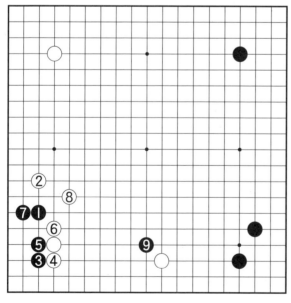

3도

3도(어깨짚음이 적절)

흑1의 걸침에 대해서 백은 주의할 필요가 있다. 즉 백2로 협공하든가 하는 것은 좋지 않다는 사실이다.

왜냐하면 흑3 이하 백8까지의 정석이 필연일 때 흑9의 어깨짚음이 안성맞춤이어서 백이 곤란하기 때문이다.

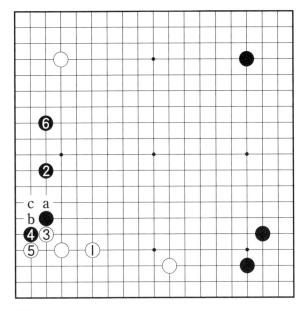

4도

4도(흑, 발 빠른 수법)

백1의 한칸받음도 생각할 수 있다. 흑2는 5의 곳에 달릴 경우 백이 a로 붙여서 급습해 오는 수를 꺼린 것이다.

백3의 마늘모붙임에 흑4로 하나 젖혀 놓고 6으로 벌린 것은 발 빠른 수법이다. 다음 백b에는 흑c로 단수할 요량이다.

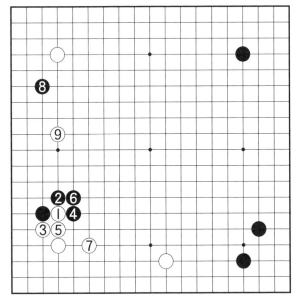

5도

5도(유력한 작전)

흑의 날일자걸침에 대해 백1로 붙이고 3에 호구쳐 막는 것이 뜻밖에도 유력한 작전이다. 흑4의 단수 한방이 따끔하지만 참을 만하다.

다음 흑6에 잇고 8로 걸치는 것은 백9의 협공 겸 갈라침을 불러 좋지 않다고 알려져 있다.

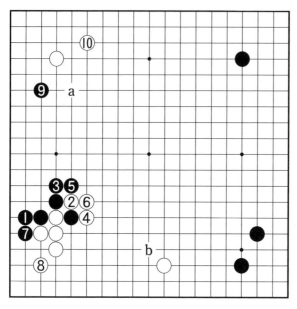

6도

6도(내려섬이 상식)

그러므로 앞 그림의 6으로는 흑1의 내려섬이 상식이다. 백2의 끊음은 당연하며 흑3에 늘고 백4 이하 8까지는 이렇게 될 곳이다.

흑9에 걸치고 백10으로 응수한 다음 흑은 a에 뛰는 정도이며 b의 어깨짚음이 삭감의 노림이다.

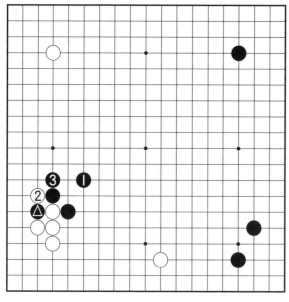

7도

7도(가벼운 행마)

이 상황에서 흑은 위쪽을 잇지도 아래쪽을 내려서지도 않고 가볍게 1로 틀을 갖추는 것도 생각할 수 있다.

백2의 끊음에는 흑3으로 가만히 늘어두는 것이 요령이다. 잡혀 있는 흑▲는 아직 활용 가치가 남아 있다.

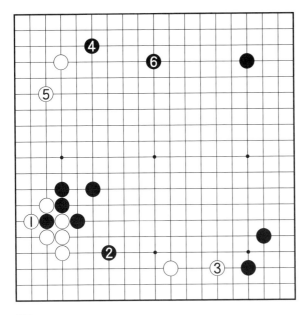

8도

8도(흑2, 경묘한 한수)

계속해서 백은 1로 흑 한점을 따내어 활용의 여지를 없앨 것이다.

그러면 흑2가 경묘한 한수! 백진을 부수면서 위쪽 흑 넉점과 제휴하고 있다. 백3을 기다려 흑4의 걸침에 손을 돌리자는 것이 흑의 구상 이었다. 백1로~

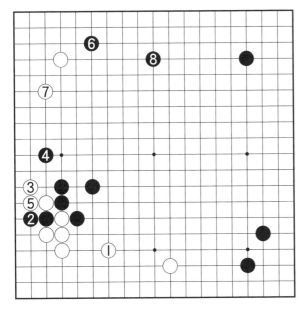

9도

9도(흑, 스피디한 포석)

백1에 두어 지키면 흑2 로 나간다. 두점으로 키 워서 버리는 수법이다. 백3의 마늘모는 응수의 틀이며 흑4도 배워둘 만한 수이다.

흑은 백5를 강요하며 흑6에 걸치고 8로 구축 해서 스피드한 포석이 다. 백은 좌하에 편중되 어 있다.

29

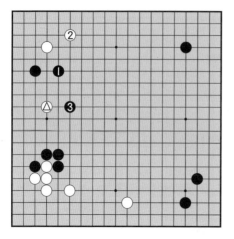

▨ 모자씌움의 타개책

이 장면에서 흑은 1로 뛰고 백2에 응수할 때 흑3으로 모자를 씌웠다. 백△를 삼키려는 의도인데, 결론을 먼저 말하자면 결과는 신통치 않다.

　백의 타개책은 무엇일까?

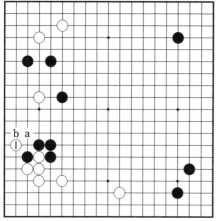

참고도 1(야금야금)

안에서 움직이지 않고 백1로 야금야금 이득을 취하는 방법도 유력하다.

　흑은 a로 받기도 내키지 않는데, 그렇다고 b로 붙일 수도 없다. 다시 말해 흑은 실속 없는 공격을 한 셈이다.

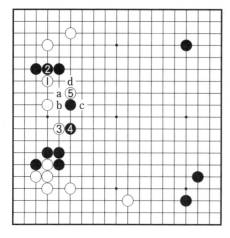

참고도 2(흑의 실패!)

직접 돌파도 가능하다. 백1에 들여다보고 3으로 날일자한다. 흑4로 저지할 때 백5가 맥점!

　다음 흑a는 백b로 끊어 흑의 응수가 없다. 따라서 백5에 흑c, 백d로 될 테니 흑의 실패가 분명하다.

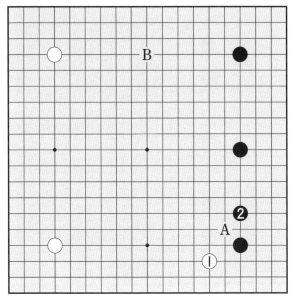

장면도

전략 테마

흑의 3연성 대 백의 2연성(양화점)이다. 백1의 날일자걸침은 가장 일반적인 수법이다.

여기서 흑은 협공하지 않고 두는 방법이 몇 가지 있는데 2의 한칸받음도 그 중 하나이다. 이외에 A의 마늘모나 B의 전개도 있다.

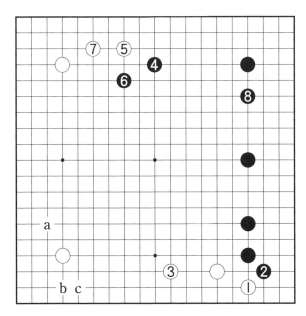

1도

1도(예상되는 진행)

여기서 백은 1, 3의 기본정석을 택하는 것이 보통이다.

그러면 흑은 4로 큰 곳을 차지하면서 세력을 확장한다. 백5에는 흑6으로 한방 씌워놓고 8로 지킨다.

다음 백a로 굳히고 흑b나 c로 이곳 백진을 부수게 될 것이다. 백1로는~

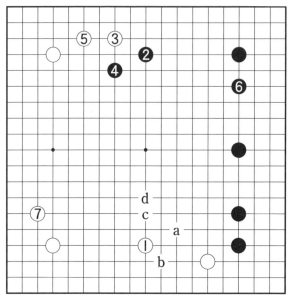

2도

2도(세력 확장의 요령)
백은 1로 그냥 전개하는 작전도 가능하다. 역시 이 경우도 흑은 2로 상변으로 향할 공산이 크다. 흑6까지는 앞서와 같다.

백7의 날일자로 좌하귀를 굳힐 때 흑은 a, 백b 다음 흑c 또는 d로 세력을 확장하는 것이 요령이다.

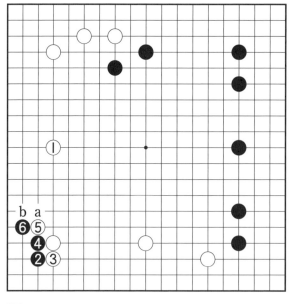

3도

3도(백, 실속이 없다)
앞 그림 7로 좌변을 백1로 전개하는 것은 다소 의문이다. 왜냐하면 흑2의 3三침입을 불러 실속이 없기 때문이다.

다음 백3으로 막고 흑4에 백5로 두점머리를 두드려 봐도 흑6의 젖힘에 백a든 b든 좋은 결과를 이끌어낼 수가 없다.

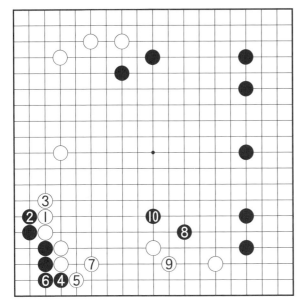

4도

4도(흑, 순조로운 진행)
계속해서 백이 1로 늘면
무난하지만 그러면 흑
은 2로 하나 기어나간
다음 4, 6으로 젖혀이을
것이다.

다음 백7의 수비는
생략할 수 없는데, 흑8
에서 10으로 백 세력을
지우면서 흑 세력을 키
우는 것이 안성맞춤이
어서 흑이 순조롭다.

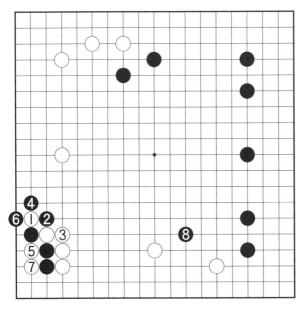

5도

5도(이단젖힘 이후)
백1로 이단젖히는 맥점
을 구사할 수도 있지만,
그리 신통치는 못하다.

흑은 알기 쉽게 2에
서 4로 백 한점을 잡아
서 좋다. 백5, 7로 귀라
도 지키면 흑8로 백 세
력을 제한하는 것이 절
호의 곳이다. 앞 그림에
서 나왔던 그 수이다.

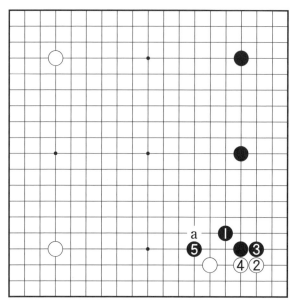

6도

6도(마늘모 후 세력확장)
백이 날일자로 걸쳤을
때 흑1로 마늘모하는 수
가 있는데, 이것은 중앙
과 우변의 모양을 중시
히겠다는 뜻이다.

백2의 3三침입에는
흑3으로 막고 백4로 건
널 때 흑5로 씌워서 압
박하면서 세력을 확장
한다. 흑5는 a의 한칸
도 있다.

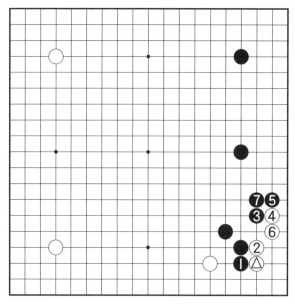

7도

7도(늦춰서 받는다)
처음 보는 사람은 놀랄
지도 모르지만, 백△에
대해 흑1쪽을 막는 수
도 유력하다.

다음 백2에 흑3으로
늦춰서 받는 것이 꼭 알
아두어야 할 수법이다.

백4, 6으로 붙이고 끌
면 흑7에 꽉 이어서 중
복 같지만 매우 두텁다.

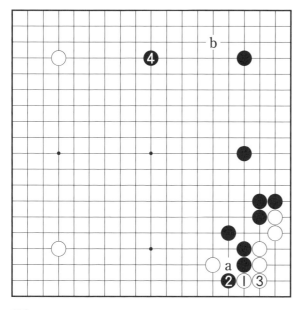

8도

8도(손을 빼고 큰 곳에)
앞 그림에 이어 백이 1,
3으로 젖혀이었을 때 흑
의 대처가 중요하다.

요컨대 흑은 a에 이
어서는 안 된다. 중복일
뿐 아니라 백b의 걸침
을 불러 본래의 취지에
어긋난다. 손을 빼고 흑
4로 달려가는 것이 절
대에 가깝다.

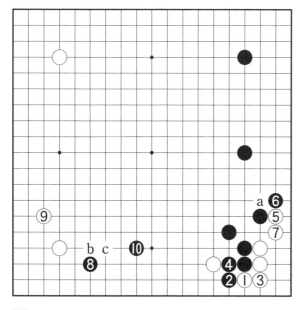

9도

9도(올바른 사고법)
백1, 3쪽을 먼저 젖혀
잇는다면 흑4의 이음은
당연하다.

문제는 백5, 7 때인
데 a의 끊음을 가볍게
보고 흑8로 걸치는 것
이 올바른 사고법이다.

하변에 새로운 흑의
세력이 형성되었다. 흑
8은 b나 c의 걸침도 생
각할 수 있다.

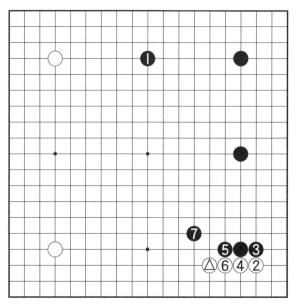

10도

10도(애초에 손뺌전략)
백△로 걸쳤을 때 아예
손을 빼어 흑1로 상변
의 화점을 점령하는 것
도 유력한 포석 전략 가
운데 하나이다.

백2의 3三침입에는
흑3쪽을 막고 백4에 흑
5를 선수하고 7로 날일
자해서 우상의 모양을
중시하려는 뜻이다.

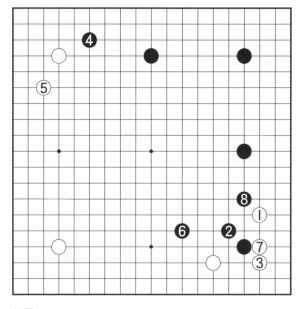

11도

11도(양걸침에 대해)
앞 그림의 2로는 백1의
양걸침도 생각할 수 있
는 작전이다. 그러면 흑
2의 마늘모가 간명한
수법이다.

다음 백3의 3三침입
에는 손을 빼어 흑4로
하나 걸쳐 놓고 6으로
훌쩍 날아오른다. 백7
에는 흑8로 씌워서 중
앙을 중시한다.

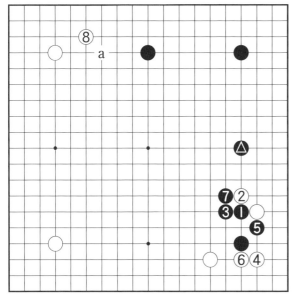

12도

12도(다소 어정쩡)

흑1로 붙이는 것은 공격하고 싶은 돌의 반대쪽을 붙이는 뜻이 아니라, 잡고 싶은 쪽을 붙이는 것이라고 봐도 좋겠다.

　다만 7까지의 결과는 흑▲가 다소 어정쩡해 보이는 만큼 의문이다. 백8은 a의 두칸도 생각할 수 있는 곳이다.

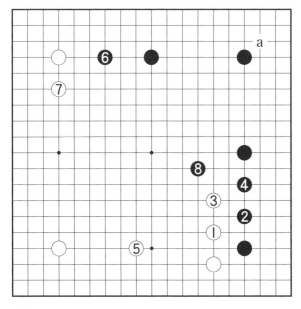

13도

13도(백의 색다른 작전)

흑의 세력 확장을 꺼려 백1로 한칸을 뛰는 수도 있다.

　흑은 2로 받고 백3에도 흑4로 받는다. 백5로 구축하는 정도일 테니 흑6, 백7을 교환하고 흑8로 키우는 것이 세력의 접점이다.

　다음 백은 a로 3三에 들어가게 될 것이다.

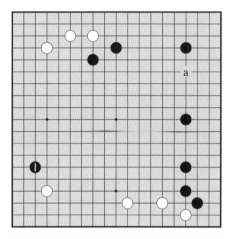

▓ 전장에서 이탈

이 장면에서 흑은 a의 요점을 외면하고 1의 걸침을 서둘렀다. 이를테면 전장에서 이탈한 것인데, 그렇다면 이른 시기에 찾아온 절호의 찬스!

백은 어떤 작전으로 나가는 것이 좋을까?

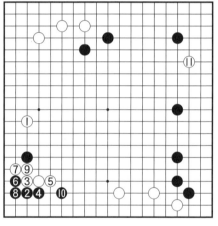

참고도 1(흑, 재미가 적다)

백은 협공하는 수가 유력하다. 1의 두칸협공은 하나의 예.

흑2의 3三침입은 상식적이며 10까지 정석이 일단락된 다음 백 11로 쳐들어가서 흑 모양을 부순다. 흑에게 재미가 적은 흐름이다.

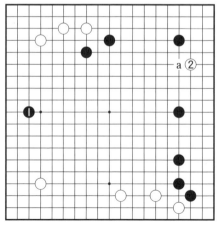

참고도 2(갈라침이면)

흑1의 갈라침도 바람직하지 못하다. 역시 백2로 흑의 모양을 부수러 가는 것이 절호의 요소가 된다.

흑은 역시 a의 곳에 한칸을 뛰는 것이 일관성 있는 작전이었다.

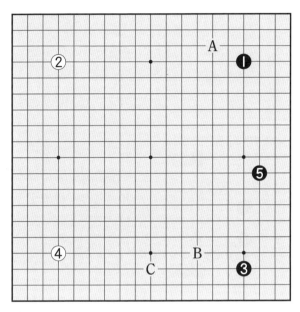

장면도

전략 테마

흑1의 화점과 마주보는 3의 소목, 그리고 5까지를 중국식이라고 부른다. 굳힘을 생략하고 변 쪽의 발전을 우선하는 스피디한 포진이다.

이에 대항해 백의 양화점 포진이 우선 대표적이다. 여기서 백은 A, B, C의 세 가지 선택이 있다.

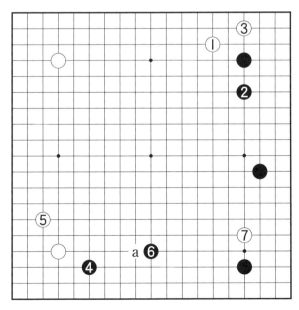

1도

1도(백7, 절대의 한수)

백1로 걸치면 흑의 응수는 2의 한칸이 가장 상식적이다. 백이 3의 날일자로 달릴 때 손을 빼어 흑4로 좌하귀에 걸치는 것도 일반적인 착상이다.

흑6은 a로 한발 좁히는 수도 있으며, 백7의 걸침은 절대적인 한수이다.

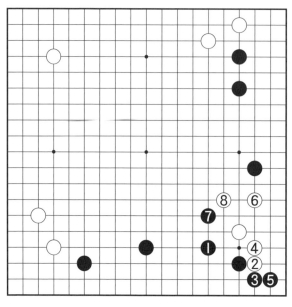

2도

2도(정석화 코스)

앞 그림에 이어, 흑1의 날일자가 가장 보편적인 응수이다. 백2, 4로 붙어끌고 좁지만 6에 벌린 것은 정해진 코스로 정석화 되어 있다.

흑7의 한칸뜀은 요소이며, 백8의 한칸뜀도 흑의 봉쇄를 피해 꼭 필요하다. 계속해서~

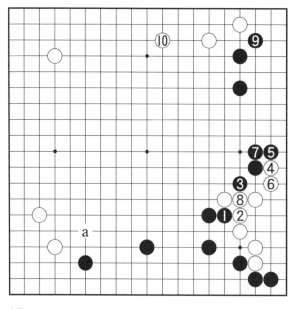

3도

3도(중요한 수순)

흑1로 들어가고 백2에 받을 때 흑3으로 들여다보는 것이 자연스러운 수법이다.

여기서 바로 잇지 않고 백4, 6으로 붙여끄는 것이 중요한 수순이다. 흑9, 백10으로 우상귀를 결정짓고 나서 흑이 향할 곳은 좌하 a의 한칸뜀이 우선순위일 것이다.

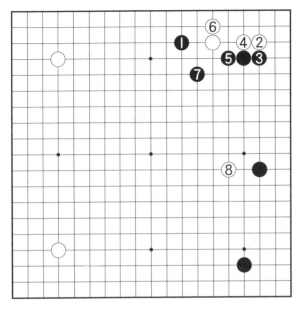

4도

4도(협공은 부적절하다)
백이 날일자로 걸쳤을 때 흑은 주의하지 않으면 안 될 사항이 있다.

이 경우 협공하는 수는 적합하지 않다는 것이다. 왜냐하면 백2의 3三침입 이하 흑7까지 정석이 완료된 다음 백8의 모자로 삭감하는 수가 안성맞춤이기 때문이다.

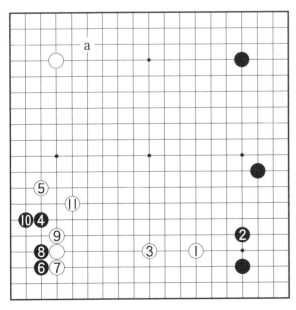

5도

5도(흑2, 온건한 응수)
백1로 우하귀에 접근하는 수도 우상귀 걸침 못지않게 많이 쓰인다.

흑은 2로 우하귀를 굳히면 온건하다. 백3은 당연하며 흑4의 걸침에 백5의 한칸협공도 어울리는 한수이다. 흑6의 3三침입 이하 백11까지가 예상된다.

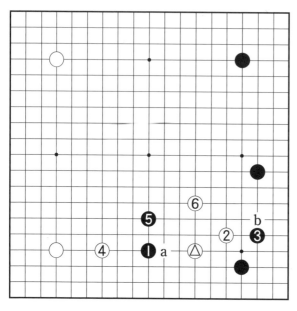

6도

6도(백, 간명하게 둔다)
흑은 백◎에 대해 1로 협공하는 수를 즐겨 사용한다. 흑1은 a의 급공도 있다.

백은 간명하게 둔다면 2로 날일자해서 흑3을 강요하고 백4로 되협공한다. 흑5를 기다려 백6으로 뛰어 수습이 가능하다. 다음 b의 붙임이 노림이다.

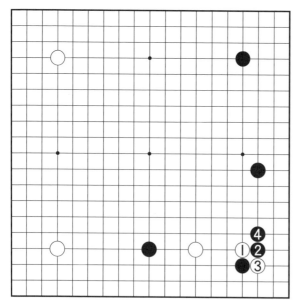

7도

7도(타개의 맞끊음)
앞 그림 2로 적극적으로 둔다면 백1로 붙이는 것이다. 흑2의 젖힘은 당연하며 여기서 백3으로 맞끊는 것이 타개의 맥점이다.

'맞끊음에는 어느 한 쪽을 뻗어라' 하는 격언대로 흑4가 응수의 요령이다. 이다음~

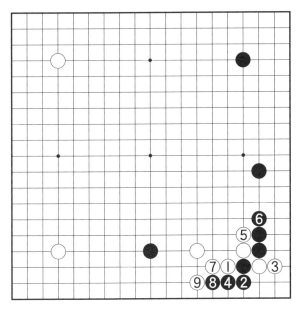

8도

8도(정해진 수법)

백1로 단수하고 흑2에 백3으로 내려서는 것이 정해진 수법이다.

흑4의 꼬부림에 백5로 하나 밀어둔 것은 기민하며 흑6을 기다려 백7에 늘어둔다. 흑은 아낌없이 8과 백9를 문답한 다음~

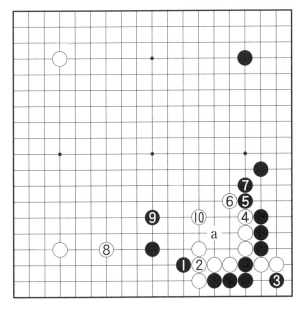

9도

9도(뒷맛 없는 붙임)

흑1로 들여다보는 수를 선수활용하고 3의 붙임이 맥점이다. 이로써 귀쪽의 백 두점은 아무 뒷맛도 없이 잡혔다.

다음 백4, 6으로 선수하고 8로 흑을 얼러 9의 뜀을 유도하고 백10에 정비해서 일단락된다. 백10을 안두면 흑a가 통렬하다.

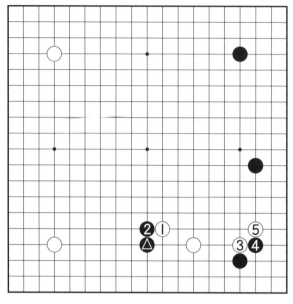

10도

10도(교환에 어떤 의미?)

흑▲의 시점에서 백1로 어깨짚는 수가 있다. 흑 2를 기다려 백3으로 붙 이자는 것이다. 흑4의 젖힘에는 앞서와 같이 맞끊는 것이 아니라 백5 로 되젖히는 수를 준비 하고 있다.

여기서 백1과 흑2의 교환에 어떤 의미가 있 을까?

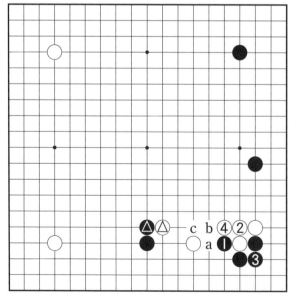

11도

11도(끊음이 없다)

앞 그림에 이어, 흑은 1 로 하나 단수하고 3에 잇는 정도이다. 그러면 백4로 눌러막는 것이 좋 은 수가 된다.

왜냐하면 다음에 흑 a, 백b, 흑c의 끊음이 성 립하지 않기 때문이다. 이것이 바로 백▲와 흑 ▲를 교환한 효과이다.

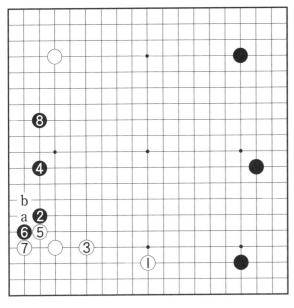

12도

12도(온건한 선택)

중국식에 대항하는 가장 온건한 선택이 백1의 벌림일 것이다. 흑2의 걸침에 백3으로 받는 것도 간명한 응수이다.

흑4 이하 8은 발 빠른 수법으로 다음 백a의 끊음에는 흑b로 단수하고 선수를 얻겠다는 뜻이다.

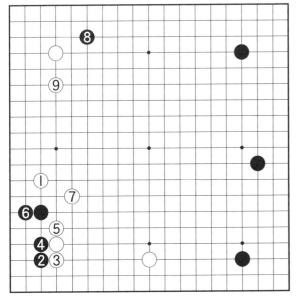

13도

13도(백, 변화 구하다)

앞 그림의 흐름은 좋고 나쁨을 떠나서 흑의 작전에 말린 느낌이므로 뭔가 변화를 구하고 싶다. 예를 들어 백1로 협공한다든지….

그러면 흑2 이하 백7까지는 필연이며, 흑8로 걸치고 백9로 받는 진행을 예상할 수 있다.

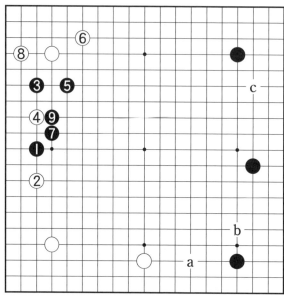

14도

14도(갈리침 이후)

'그렇다면' 하고, 흑도 걸침 대신 1로 갈라치는 수를 들고 나올 공산도 있다.

백2로 다가서고 흑3에 백4로 퐁당 뛰어드는 것은 정석의 하나이다. 흑5~9로 일단락된다면 백은 a, 흑b를 문답하고 백c로 걸쳐 서로 무난한 흐름이다.

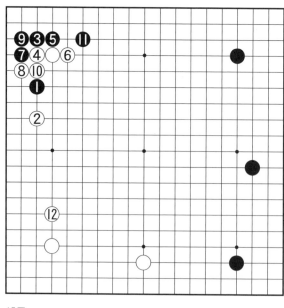

15도

15도(백, 폭넓은 바둑)

흑1로 좌상귀를 걸치는 것은 어떨까?

이 걸침 하나를 두고 왈가왈부할 수는 없지만, 백2의 협공을 불러서 별로 흑이 기분 좋은 흐름은 아니다.

이하 12까지 폭넓은 바둑이 되므로 백의 기분을 맞춰주는 셈이다.

레벨업 레슨

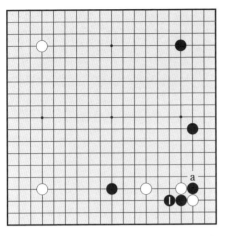

▨ 하변 늘기의 대응책

백의 맞끊음에 대해 흑은 a쪽을 뻗는 것이 정수인데, 하변 1쪽을 늘었다.

이럴 때 백은 어떻게 대응하면 가장 바람직할까?

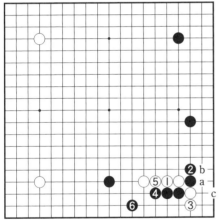

참고도 1(빠뜨린 수순)

백1로 눌러막는 것은 수순 하나를 빠뜨렸다. 그 탓에 흑2를 불러 좋지 못하다. 백3에는 흑4, 6이 강타여서 백이 곤란하다.

백a, 흑b, 백c로 살 수는 있지만 백 넉점이 공격당한다. 백3으로~

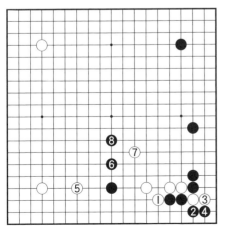

참고도 2(백, 불안정하다)

백1로 호구쳐서 막으면 탈은 없지만 흑2, 4로 귀가 흑의 수중에 들어간다.

백5로 흑 한점을 협공하며 동행하자고 해도 8까지 되면 오른쪽 백의 자세가 불안정하다.

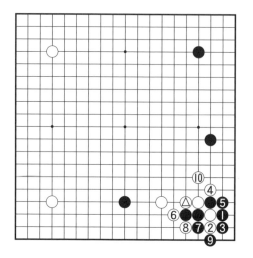

참고도 3(흑, 잘못된 행동)

백△에 대해 흑1, 3으로 귀를 접수하는 것은 잘못된 행동이다. 백4의 단수도 따끔하고 6의 호구가 안성맞춤의 선수활용이어서 10까지 흑이 크게 당한 결과이다.

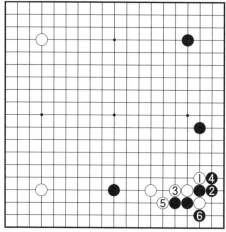

참고도 4(정해/ 정확한 수순)

백1로 하나 단수하고 3에 눌러 막는 것이 정확한 수순이다.

흑은 4로 꼬부릴 수밖에 없으니 거기서 백5로 호구치는 것이 안성맞춤이다. 흑6으로 받게 하고~

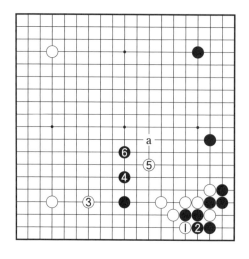

참고도 5(앞서와는 큰 차이)

백1과 흑2를 교환하고 나서 백3으로 흑 한점을 위협해 흑4로 뜰 때 백5로 날아간다.

흑6에 뛴 다음 백a로 같이 뛰어나가면 앞서의 참고도 2와는 큰 차이가 난다.

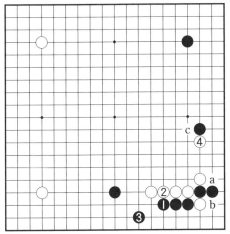

참고도 6(붙임이 교묘하다)

이 상황에서 흑1, 3으로 버티는 것은 무모하다.

백4의 붙임이 교묘한 맥점! 백4로 a는 흑b를 불러 묘미가 없다.

이다음 여기는 흑b, 백c로 될 곳이니 백이 멋지게 처리한 셈이다.

참고도 7(흑1, 지나친 욕심)

앞 그림 다음, 흑1로 서는 것은 욕심이 지나치다. 백2로 내려서는 수가 성립해 흑은 낭패를 면치 못한다.

흑5의 붙임이 맥점이지만 백은 기막힌 수가 있다. 백6, 흑7을 교환한 다음~

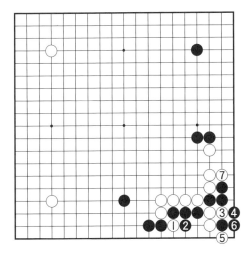

참고도 8(흑, 자충에 울다)

백1로 끊어 놓는 수가 그것이다. 흑2와 문답하고 백3 이하 7이면 귀의 흑 몇 점은 옴짝달싹도 못하고 잡혀 버린다.

흑이 자충이 되어 어찌할 도리가 없음을 확인하기 바란다.

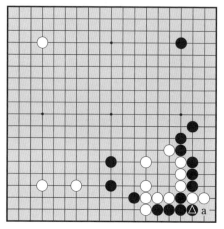

▨ 귀의 수단

[5형] 9도에서 흑이 a에 붙이지 않고 ◭에 두었다.

이것은 명백한 실수인데, 그 바람에 백에게 수단이 생겼다. 어떤 수가 있을까?

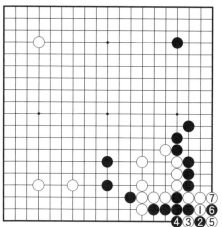

참고도 1(정해/ 백의 꽃놀이패)

백1의 꼬부림부터 출발한다. 흑2로 젖힐 때 백3으로 먹여치고 5로 집어넣는 것이 교묘한 수순이어서 7까지 패가 불가피하다. 이단패이지만 백의 꽃놀이패이다.

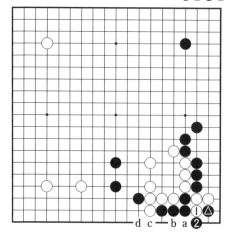

참고도 2(귀에 뒷맛이 없다)

흑이 ◭로 두었다면 귀의 뒷맛은 전혀 없다. 백1에는 흑2로 받아서 그만이다.

다만 백a, 흑b로 되어 있는 것으로 봐서 백c나 d가 귀에 대해 듣고 있다는 점만 주의하면 된다.

고바야시 스타일을 상대로 한 전략

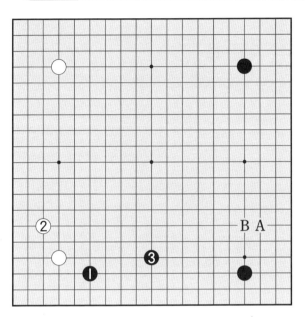

장면도

▨ 전략 테마

화점과 마주보는 소목에서 흑1로 걸치고 3에 전개하는 것이 그 유명한 고바야시 스타일의 포진이다. 고바야시 고이치(小林光一) 9단이 전성기 때 애용해서 붙여진 명칭이다.

여기서 백은 느긋한 A의 눈목자나 B의 두 칸으로 걸치는 것이 바람직하다.

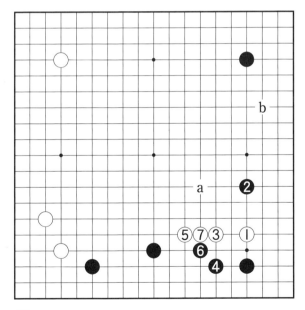

1도

1도(한칸걸침은 NO!)

백1의 한칸걸침으로 접근하는 것은 좋지 않다는 평가를 받고 있다.

흑2의 두칸협공이 적절한 수법이며 백3에는 흑4, 그리고 백5에는 흑6으로 들여다보는 수가 안성맞춤이다.

백7 다음 흑a에 공격하든, b쯤에 지키든 흑이 재미있다.

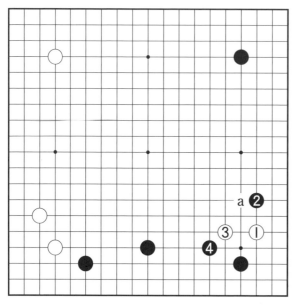

2도

2도(날일자걸침도 NO!)

백1의 날일자걸침도 신통치 않다. 이렇게 근접한 걸침은 모두 좋은 결과를 얻기 힘들다.

흑2의 한칸협공이 준엄하다. 백3에 흑4로 추격해서 백이 두고 싶지 않은 흐름이 될 가능성이 크다.

흑2는 달리 a의 한칸 높은협공도 유력하다.

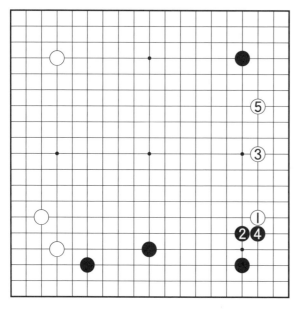

3도

3도(눈목자걸침)

백1의 눈목자걸침이면 앞서의 1도나 2도와 같은 흑의 준엄한 협공은 없다. 설령 협공을 당하더라도 여유가 있다.

흑2의 짚음이면 백3에 벌리고 흑4에 백5로 벌려 스피드를 낸다. 백의 유력한 작전 가운데 하나이다.

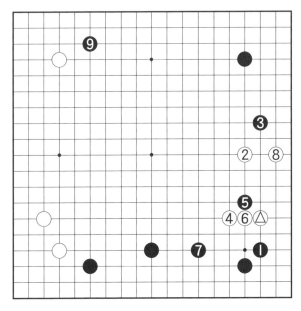

4도

4도(마늘모받음 이후)

백△에 대해 흑1의 마늘모로 받는 수도 있다. 백2로 멀리 벌린 것은 흑3을 유도해서 백4로 뛰자는 뜻이다.

다음 흑5로 하나 들여다봐 백6에 잇게 하고 나서 흑7로 지킨 것은 전략적 수순이다. 백8의 수비는 필요하며 흑9로 걸쳐가게 된다.

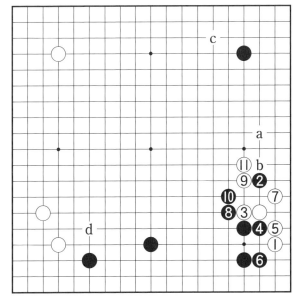

5도

5도(날일자달림)

3도의 3으로 백1의 날일자로 미끄러지면 흑2의 협공이 가장 일반적인 대응이다. 백3으로 올라올 때 흑4, 6은 수순이며, 백11까지 정석이 일단락된다.

이다음 흑a, 백b를 선수활용하고 흑c에 지키든가 d로 뛰든가 예상되는 진행이다.

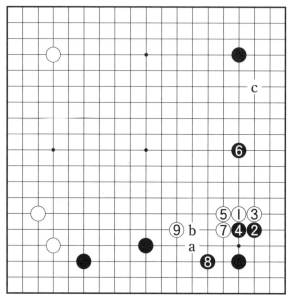

6도

6도(두칸걸침)

백1의 두칸걸침도 눈목자걸침과 비슷한 의미를 갖고 있다.

그런데 흑2로 턱밑에 들이댈 때 바로 백3으로 막으면 흑4로 밀어올리고 6에 협공하는 것이 정해진 수법이다. 백9까지 된 다음 흑은 a, 백b를 교환하고 흑c로 지켜 일단 발 빠른 흐름이다.

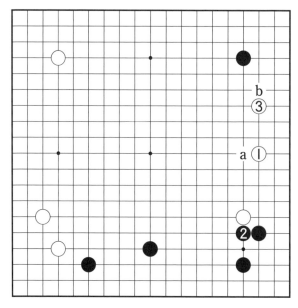

7도

7도(스피드 전략)

앞 그림 3으로는 백1로 슬쩍 비키고 흑2에 백3으로 벌려서 스피드를 내는 수법도 가능하다.

또 백1로 a에 높게 가고 흑2 때 백b로 걸쳐 가면 전혀 다른 한판의 바둑이다.

모두 국면을 유장하게 이끌려는 전략이다.

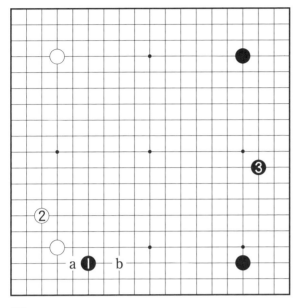

8도

8도(걸친 후 중국식)

흑1로 걸치고 백2에 받을 때 고바야시 스타일 대신 흑3의 중국식으로 가는 작전도 대단히 유력하다.

백은 a에 마늘모 붙이거나 아니면 b로 점잖게 협공하든가, 둘 중 하나를 선택하게 될 것이다.

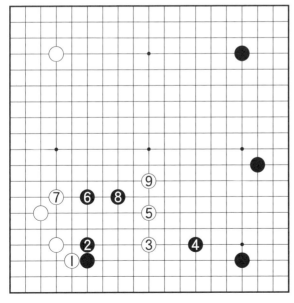

9도

9도(중국식 위력 퇴색)

백1로 마늘모 붙이고 흑2로 설 때 백3으로 협공하는 것도 한때 크게 유행했던 전법이다.

흑은 4로 협공하고 6에 뛰어나가서 동행을 외치지만 백7, 9로 되면 중국식의 위력이 퇴색하는 느낌이 다분하다. 따라서 흑2로는~

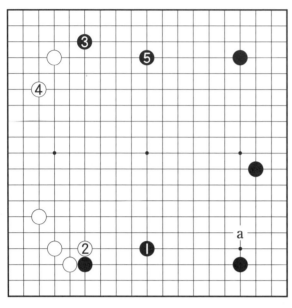

10도

10도(대모양 형성)

흑1로 슬쩍 비키는 것
이 재미있는 수법이다.
백2는 기세일 테니 흑
은 3에 걸치고 5로 전
개해 우상 일대에 대모
양을 형성하려는 의도
를 품고 있다.

다음 백은 a의 걸침
이 가장 시급한 요점이
될 것이다.

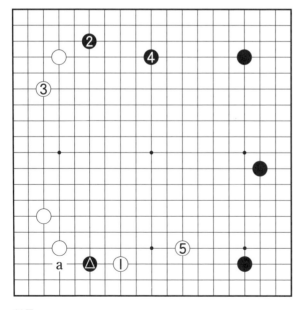

11도

11도(그냥 협공 변화)

백1로 흑▲를 그냥 협공
하는 수도 많이 쓰인다.
흑은 이곳에서 손을 빼
고 2에서 4로 우상 일대
를 경영하게 되며, 백은
5로 흑의 대모양을 견제
하는 진행을 예상할 수
있다.

백5로는 a에 쌍점을
서서 귀를 다지는 수도
있다.

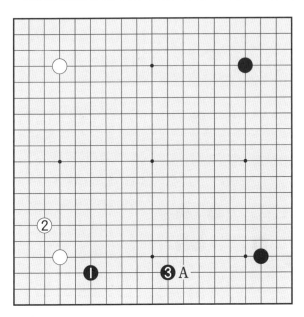

장면도

전략 테마

우상귀는 흑의 화점인
데 우하귀 소목의 위치
가 앞의 형과는 다른 점
에 주목하기 바란다. 백
은 변함없이 양화점 포
진이다.

흑1로 하나 걸치고 3
에 벌린 것이 이른바 미
니중국식이라고 부르는
포진이다. 흑3으로 A면
변형 미니중국식이라
부른다.

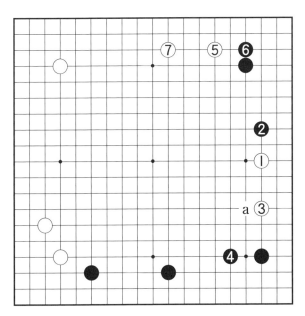

1도

1도(갈라침이 보편적)

미니중국식을 상대로
가장 보편적인 백의 대
응은 1로 우변의 한가
운데를 갈라치는 수이
다. 흑2의 육박에 백3
으로 두칸을 벌릴 때 흑
4로 굳힌 것은 온건한
수법이다.

다음 백은 5, 7로 스
피드를 낼 것이다. 수순
중 백3은 a도 있다.

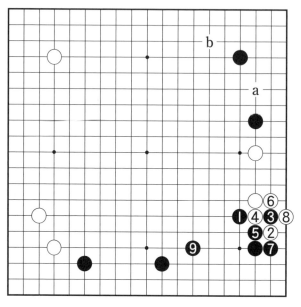

2도

2도(어깨짚음)

앞 그림 4로는 흑1로 어깨를 짚어 백을 압박하는 수가 유력하다. 백2의 날일자달림에 흑3의 건너붙임이 배워둘 만한 맥점이다. 9까지는 이렇게 될 곳이다.

이다음 백은 a에 뛰어들든가, 아니면 b로 걸치든가 둘 중 하나가 보통이다.

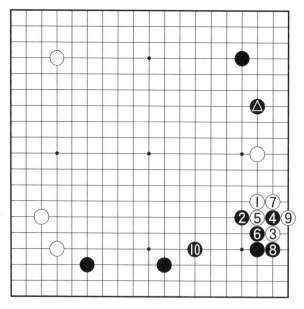

3도

3도(흑의 작전에 의문?)

그렇다면 여기서 흑의 작전에 약간의 의문이 제기될지도 모른다.

그건 우상 쪽에서 흑이 ▲로 한발 물러서서 튼튼하게 지키는 것이 낫지 않겠느냐는 것이다. 백1 이하 흑10까지는 이렇게 된다고 가정한다.

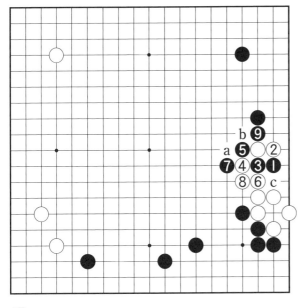

4도

4도(일장일단)

그러나 앞 그림에서 없는 것이 이 그림에는 있다. 즉, 앞 그림은 백에 대한 영향력이 없는 반면, 이 그림에서는 흑1 이하 9로 세력을 쌓는 수단이 있는 것이다.

따라서 일장일단. 여기는 이다음 백a, 흑b, 백c로 될 곳이다.

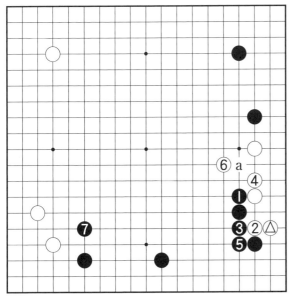

5도

5도(백6, 시급한 진출)

백△ 때 흑1로 위에서 누르는 수도 있다. 그러면 백은 2로 올라서고 4에 느는 것이 좋은 수순이다.

흑5의 이음에 백6으로 중앙 진출하는 것이 요소! 소홀히 하다가 흑a를 활용당하면 좋지 않다. 흑7의 한칸뜀도 호점이다.

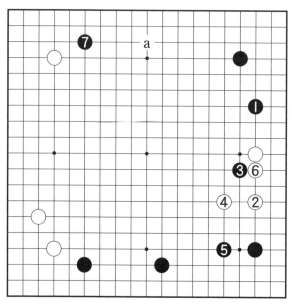

6도

6도(좁힌 만큼 견실)

백의 갈라침에 흑1의 눈목자는 백에 대한 영향력은 덜하지만, 한발 좁힌 만큼 우상귀는 견실하다.

백2의 벌림은 무난한 수이며, 흑은 3의 어깨짚음이 전략적 활용이다. 백4, 흑5, 백6은 필연이며 흑은 7로 걸치든가 a에 그냥 가든가 한다.

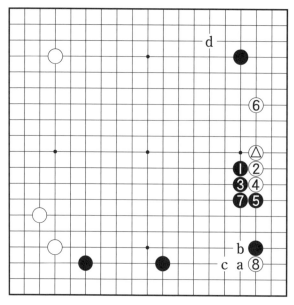

7도

7도(바로 어깨짚음)

백△ 때 흑1로 어깨를 바로 짚는 강수가 있다. 백2에 흑3으로 늘면 온건하며 백4, 6이 틀이다. 흑7의 이음에 백8의 응수타진이 적시타. 흑a에 백b로 맞끊는 것이 뒷맛을 남기는 수법이다. 흑c에 느는 정도이니 백은 d에 걸친다.

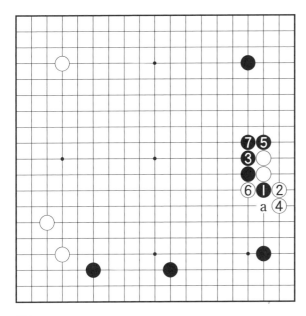

8도

8도(흑1, 강력한 수법)

앞 그림 3은, 흑1에 젖히는 것이 가장 강력한 수법으로 어깨짚음의 의지를 계승하고 있다.

백2는 정수이며 흑3에 밀 때 백4로 느는 것이 현재로서는 최선이다(a의 단수는 좋지 않음). 흑5에 백6으로 끊고 흑7의 이음에는 다음~

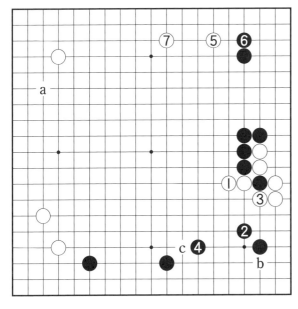

9도

9도(서로가 둘 만하다)

백1로 뻗는 수가 준비되어 있다. 흑은 2를 선수활용하고 4로 우하귀를 크게 지켜서 나름 만족하지만, 백도 두텁고 5, 7로 전환해서 충분할 것이다. 다음 흑a로 걸치는 정도인데, 우하귀에는 백b로 붙이는 맛이 남아 있다.

작전에 따라서는 백3으로 먼저 c의 삭감도 있다.

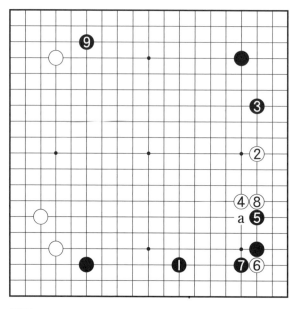

10도

10도(변형 미니중국식)
미니중국식보다 한발을
좁힌 것이 변형 미니중
국식이다. 바로 흑1로
포진하는 것.

역시 이때도 백2의
갈라침이 가장 일반적
인 대응 전법이다. 단,
백4, 흑5로 두면 백6으
로 하나 붙여 놓고 8로
손을 돌리기를 기억해
야 한다.

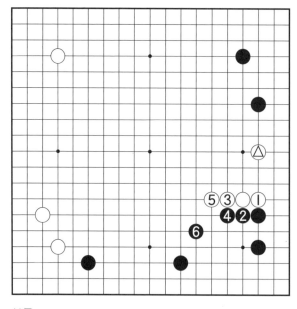

11도

11도(백, 책략이 없다)
앞 그림 6으로, 백1에
덥석 막는 것은 흑의 의
도에 휘말리는 이른바
책략이 없는 행동이다.
흑은 2, 4로 밀어올리
고 6에 지켜서 대만족
이다.

귀에 맛이 없음은 물
론이고, 백은 4립이나
되는데도 △로 두칸 밖
에 못 벌린 셈이다.

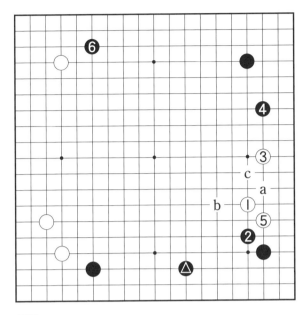

12도

12도(재미있는 구상)

흑▲에 대해 백1에서 3으로 벌리는 전법도 재미있는 구상이다. 흑4의 육박에 백5의 수비는 꼭 필요하다. 두지 않으면 흑a의 침공이 통렬하다.

백5로 달리 둔다면 b. 흑6의 걸침은 c로 짚어 봉쇄를 꾀하는 수도 있다.

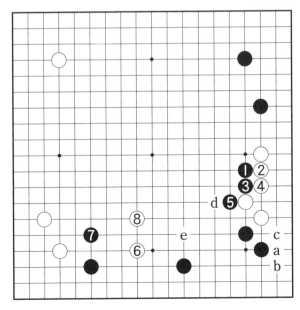

13도

13도(세력을 쌓으면)

앞 그림 6으로는, 흑1로 짚어 백2로 받을 때 흑3에서 5로 세력을 쌓는 수법도 있다. 백은 6으로 갈라 흑의 모양 확장을 견제하게 된다.

다음 백은 a, 흑b, 백c의 붙여끌기도 선수이고 d의 껴붙임, e의 모자 등을 보고 있다.

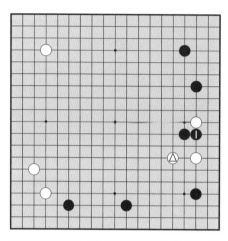

▨ 차단하는 경우의 대응책

[7형] 6도의 변화. 백△로 뛰었을 때 흑이 우하귀 쪽을 외면하고 1로 차단해 이득을 먼저 챙겼다.

이럴 때 백의 대응은 무엇이 좋을까?

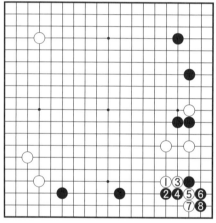

참고도 1(준비된 맥점)

백1로 가르며 귀의 흑 한점을 압박하는 것이 호수이다.

흑은 2로 붙이는 정도이니 백3, 5로 끊어서 활용하는 것이 준비된 맥점이다. 흑6, 8 다음~

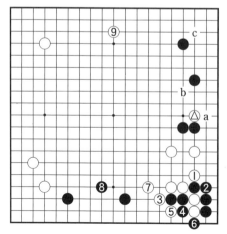

참고도 2(백, 즐겁다)

백1, 3, 5를 선수활용하고 7로 호구치면 흑8의 수비는 절대이다.

이때 백9로 큰 곳을 선점해 백의 호조! 다음 백은 △ 한점을 a나 b로 움직이거나 c로 3三을 파는 수를 엿봐서 즐겁다.

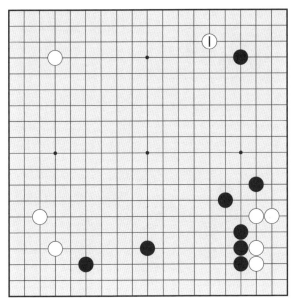

문제도

연습 테마

흑백 모두 양화점(2연성)으로 시작한 포석이다. 우하에서 1차 응접이 끝나 하변 일대에 흑의 세력권이 형성되었다. 여기서 백1로 걸쳐 왔는데, 이에 대해 흑은 어떻게 대응해야 할까?

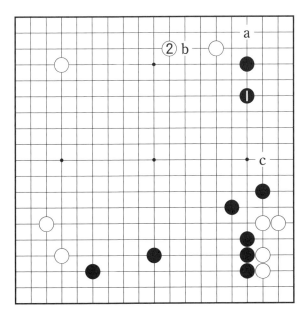

1도

1도(흑1, 책략 부족)

흑1의 한칸 응수는 책략이 부족하다. 백2의 두칸벌림이 침착한 호수여서 국면이 단순해진다. 백2로 a면 흑은 b로 협공하려는 의도였겠지만…

　지금은 유장한 국면이 될 우려가 많은데다가 백c의 침공도 남아 있어 흑은 별 재미가 없는 것이다.

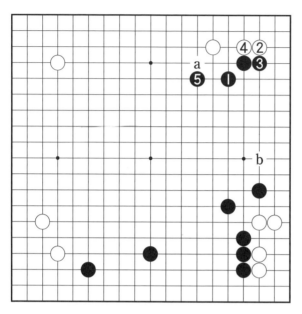

2도

2도(허울만 좋은 구상?)
흑1의 마늘모는 중앙을 중시하는 수법이다. 중앙경영에 뜻을 두었다면 추천할 만하다. 백2에는 흑3에서 5로 세력을 확장하게 될 것이다. 흑5는 a도 있다.

다만 백b가 남아 허울만 좋은 구상인지도 모른다.

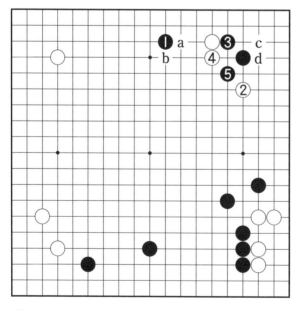

3도

3도(추천/ 협공할 자리)
어떤 수가 가장 좋은지는 단정할 수 없지만, 이곳은 어쨌든 협공하고 싶은 자리이다.

흑1(또는 a나 b)을 추천하고 싶다. 백2의 양걸침에는 흑3에서 5로 갈라서 싸운다. 다음 백c, 흑d라는 진행이 될 것이다.

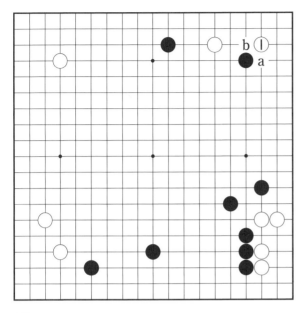

4도

4도(백의 3三침입에는?)
흑이 어떤 협공을 구사
하든 백은 1로 3三에 들
어가는 것이 상식적이
며 간명한 수법이기도
하다.

여기서 흑이 어느 쪽
을 막느냐가 중요한데,
a와 b 가운데 당신의 선
택은 어디인가?

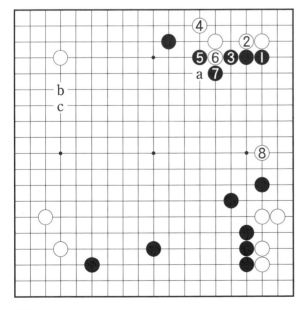

5도

5도(방향착오)
흑1쪽을 막는 것은 방
향착오의 성격이 짙다.
백2, 4에 흑은 다음 수
가 마땅치 않다. 흑5로
a의 날일자는 어정쩡하
다. 흑7 다음 백8의 침
입이 통렬하다.

이 수는 a에 끊어서
싸우든가 b나 c로 굳힐
수도 있다.

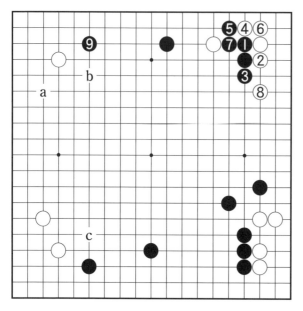

6도

6도(상변에 신천지개척)
흑1쪽을 막는 것이 올
바르다. 백2 이하 8까
지는 백만 인의 기본정
석. 여기서 흑은 9로 걸
쳐 상변에 신천지를 개
척하는 것이 좋다.

　다음 백a에 흑b로 뛰
어서 상변을 키우든가,
아니면 흑c로 하변 세
력을 확장하든가 할 것
이다.

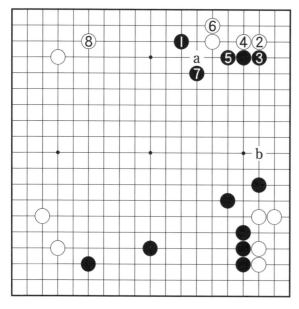

7도

7도(추천/ 한칸협공)
흑1의 한칸협공도 유력
하다. 단, 백2 때 흑3쪽
을 막는 것은 잘못된 방
향이다. 흑7까지 그럴
듯해 보이지만 백8로 굳
힌 다음 백a의 노림도
있고 b의 침공도 남아
실속이 없다.

　흑3은 4에 막을 곳으
로 그러면 앞 그림과 비
슷해진다.

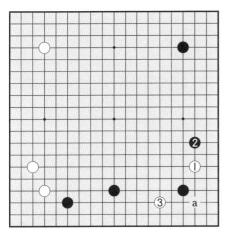

예제 (흑 차례)

백1의 날일자걸침에 흑2로 협공하고 백이 a의 3三에 뛰어들어 생긴 것이 [연습 1]의 문제도였다.

그런데 백이 a 대신 3으로 양걸침하면 흑은 어떻게 대응해야 하는 것일까?

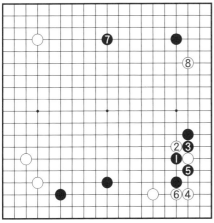

참도도 1(백의 주문)

흑1의 붙임은 백의 주문이다. 백2로 하나 젖히고 흑3에 백4로 3三에 들어올 것이다.

6까지 흑의 세력권이 분산된 만큼 덤이 문제시되는 바둑으로 흘러갈 조짐이 보인다.

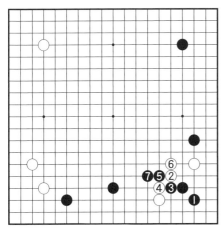

참고도 2(정해/ 마늘모)

흑1의 마늘모가 강력한 수법이다. 이렇게 힘을 비축하면서 3三을 지키면 백은 정말 갑갑할 것이다.

백2의 씌움이 기세이지만 흑3, 5로 나가끊어 흑이 유리한 전투임은 말할 것도 없다.

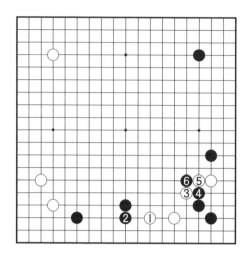

참고도 3(지략을 품다)

앞 그림 2로는 백1로 한칸을 뛰어 흑의 응수를 살피는 것이 지략을 품은 수법이다.

얼른 흑2의 쌍점이 침착한 것 같지만 그랬다가는 백3의 씌움이 안성맞춤이다. 흑4, 6으로 나가끊어도~

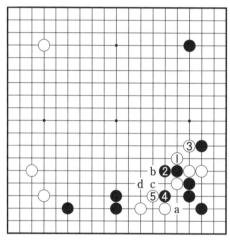

참고도 4(응수가 난감하다)

백1로 단수하고 3에 호구치면 흑4는 필연인데 백5 때 응수하기가 난감하다.

흑a는 백b의 붙임에 대책이 없고, 흑c는 백d의 기분 좋은 탈출이 한눈에 보인다. 흑의 실패이다.

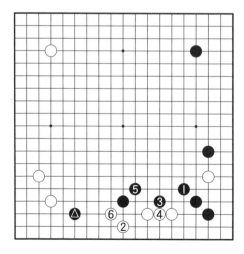

참고도 5(마늘모가 최선)

흑1의 마늘모로 진출하며 백을 갈라놓는 것이 최선의 수이다.

백2의 날일자달림에 흑3으로 들여다보고 5의 마늘모로 봉쇄해서 여간 두터운 모습이 아니다. 흑▲ 한점은 가벼운 돌이니 신경 쓸 것이 없다.

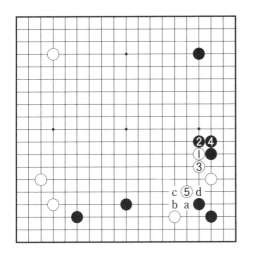

참고도 6(마지막 관문)

백1, 3으로 붙여끄는 수가 마지막 관문. 이에 대해 흑4로 꽉 잇는 것은 안일한 자세이다. 백5의 봉쇄가 안성맞춤이다.

다음 흑a, 백b, 흑c에 끊어도 백d가 호수여서 이 싸움은 흑이 유리할 것이 없다.

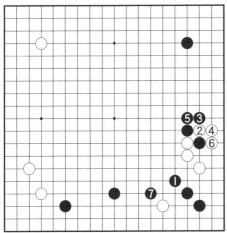

참고도 7(역시 마늘모가 최선)

여기서도 흑1의 마늘모가 최선의 한수이다.

백2~6을 강요해서 선수를 뽑아 흑7의 날일자로 씌우는 수순에 손을 돌릴 수 있는 만큼 불만이 없을 것이다.

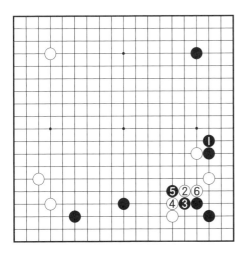

참고도 8(참고도 6과 대동소이)

백이 △로 붙였을 때 흑1로 느는 것이 침착한 대응 같지만 오히려 느슨하다는 지탄을 면치 못한다. 역시 백2의 씌움이 안성맞춤이어서 흑3, 5로 나가끊어도 **참고도 6**과 대동소이한 결과가 된다.

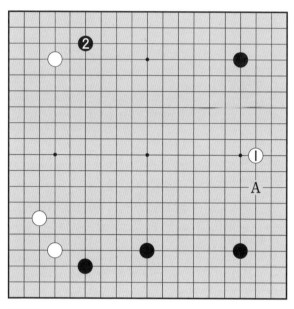

문제도

연습 테마

흑의 양화점 대 백의 양화점에서 조금 진행된 국면이다.

백1의 갈라침에 흑은 A쪽에서 다가서는 것이 보통인데 느닷없이 기수를 돌려 좌상귀를 2로 걸쳐갔다.

과연 무슨 뜻이고, 백의 대응은 무엇이 좋을까?

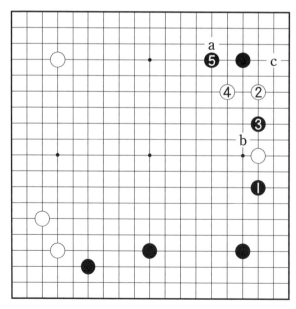

1도

1도(흑1로 육박하면)

흑1로 육박하면 백2로 걸치는 것이 보통이다. 그러면 흑은 3에 뛰어들고 백은 4로 뛰는 식일 것이다. 흑5는 a의 날일 자도 있다.

다음 백b면 흑c로 귀를 지키는 것이 좋으며, 백c면 흑b로 마늘모해 복잡한 싸움이 벌어질 것이다.

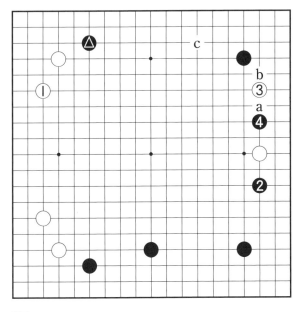

2도

2도(흑▲의 구실)

흑▲의 걸침에 백1의 날일자로 받아주면 그때 흑2로 다가서겠다는 뜻이다. 백3에는 흑4.

백3으로 a면 흑은 b에 마늘모하든지 c의 눈목자로 받든지, 왼쪽에 걸쳐 놓은 흑▲가 구실을 하게 될 것이다.

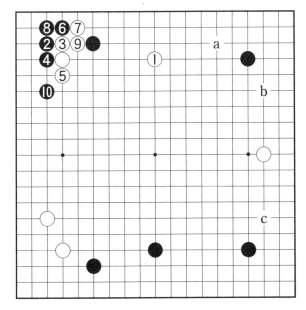

3도

3도(의도를 거스른다)

그러므로 백은 1로 협공한다든지 해서 흑의 의도를 거스르고 싶다. 흑2로 3三에 들어온다면 백3 이하 흑10까지는 필연적인 코스.

여기서 백은 a로 걸쳐서 흑b를 유도하고 백c로 걸치는 것이 자연스럽다.

73

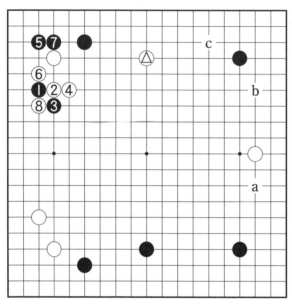

4도

4도(백, 재미없는 흐름)
앞 그림은 별로 내키지
않으므로, 3三침입 대
신 흑1로 양걸침할 공
산이 크다.

이때 백2쪽을 붙이는
것은 흑3에서 5, 7이라
는 진행이 되어 백△가
어정쩡하다. 다음 흑a,
백b, 흑c로 백이 재미없
는 흐름이다.

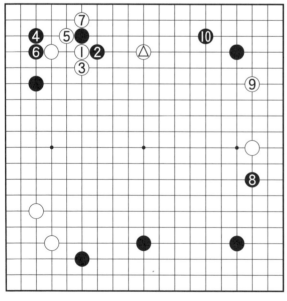

5도

5도(흑, 재미있는 흐름)
앞 그림 2로 백1쪽을 붙
이는 것도 신통치 못하
다. 흑2 이하 백7까지는
이런 정도인데 역시 백
△의 위치가 썩 마음에
들지 않는다.

흑8, 백9, 흑10의 진
행은 앞서와 마찬가지
로 흑이 재미있는 흐름
이다.

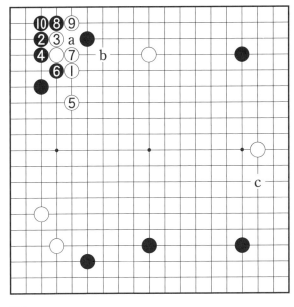

6도

6도(최선/ 마늘모)

흑의 양걸침에 대해 백 1의 마늘모가 좋은 착 상이다.

단, 흑2의 3三침입에 백3으로 즉각 반응을 하 는 것은 흑4 이하 8, 10 의 젖혀이음에 백a나 b 로 응수해야 하므로 c의 곳을 흑에게 두게 해 앞 그림과 대동소이하다.

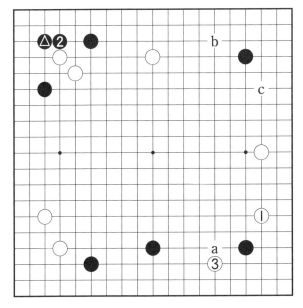

7도

7도(국면의 주도권)

흑▲ 때 백은 손을 빼어 1로 우하귀를 걸치는 것 이 좋다. 흑2에는 백3의 양걸침이 준비된 후속 수이다.

만약 흑이 2 대신 a 로 받는다면 백b로 걸 치고 흑2 때 백c의 양걸 침으로 단숨에 국면의 주도권을 잡을 수 있다.

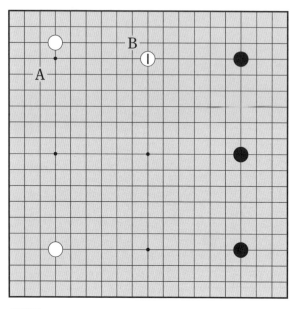

문제도

▨ 연습 테마

흑은 3연성, 백은 화점과 소목을 배합한 포진이다.

백은 이 상황에서 A로 좌상귀를 굳히는 것이 가장 일반적이다. 그러면 흑은 B에 벌릴 예정이다. 백1로 비튼 것은 흔한 구상은 아니다. 이때 흑의 대응책은 무엇일까?

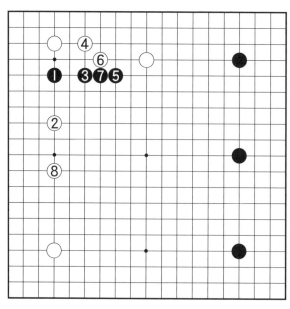

1도

1도(백, 재미있는 진행)

흑1의 한칸걸침은 백2의 두칸높은협공이 안성맞춤이어서 바람직하지 않다.

흑3에는 백4, 흑5에는 백6으로 들여다봐 임시변통하고 8에 두칸을 벌려서 양쪽을 모두 다둔 백이 재미있는 진행이다.

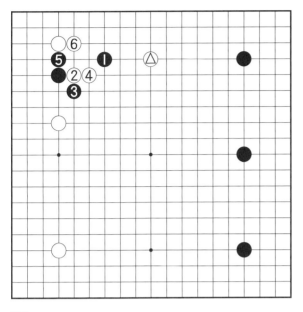

2도

2도(흑의 고전이 명백)

앞 그림 3으로 흑1의 눈목자씌움은 백의 병력이 많은 곳인 만큼 유리한 결과를 기대하기 어렵다.

백2 이하 6의 대응으로 흑의 고전은 불을 보듯 명백하다. 백△가 미리 대기하고 있음에 주목하기 바란다.

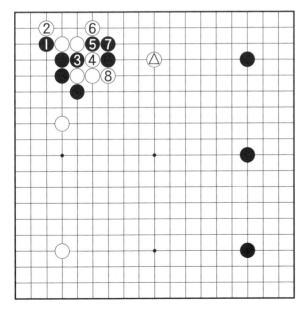

3도

3도(흑, 골치 아프다)

앞 그림에 이어 흑은 1로 하나 젖혀서 백2와 교환하고 나서 흑3, 5로 나가끊어서 싸울 수밖에 없는데, 축은 흑에게 유리하지만 백6, 8이 강력해 골치 아픈 상황이다.

백△의 존재가 흑을 괴롭게 한다.

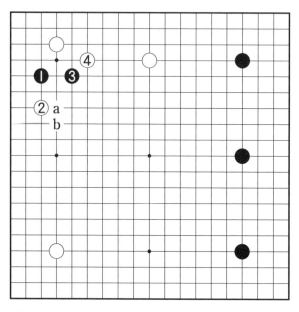

4도

4도(날일자걸침도 나쁘다)

흑1의 날일자걸침도 찬성할 수 없다. 어쨌든 좌상귀에 너무 가깝게 걸치는 것은 좋지 않다고 알아두기 바란다.

백2(a나 b도 가능함)의 협공이 준엄하다. 흑3에는 백4로 받아 백은 기착점이 효력을 발휘하고 있다.

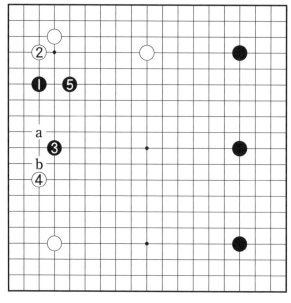

5도

5도(추천 1/ 눈목자걸침)

여유를 갖고 흑1의 눈목자로 걸치는 것이 바람직하다. 백2는 간명한 응수이며 흑은 3에 전개하고 백4에 흑5로 뛰어서 정비한다.

흑5는 그 전에 a로 두 칸을 벌리고 백b 때 두는 것도 흔히 쓰이는 구상이다.

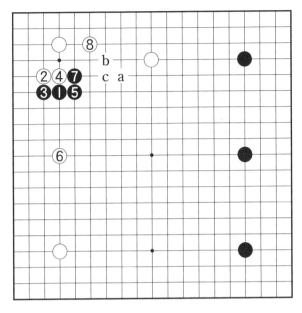

6도

6도(흑, 다소 의문)

흑1의 두칸벌림도 눈목
자걸침과 비슷한 의미
를 가진 수법이다. 다만
백2에 흑3으로 막는 것
은 백4에서 6의 협공이
안성맞춤이니 다소 의
문이다.

백8 다음 흑a, 백b,
흑c라는 진행은 백의 주
문이다. 따라서 흑3으로
는~

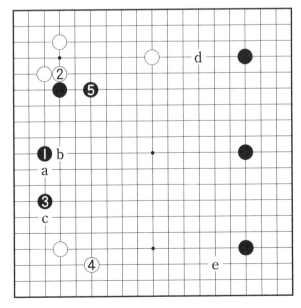

7도

7도(추천 2/ 경묘)

흑1로 비키는 것이 재
미있는 수법이다. 백2에
흑3으로 걸쳐 놓고 5에
뛰는 것이 경묘하다.

흑1로는 a에 한발 더
가거나 b로 높게 가고
백2에 흑c로 둘 수도 있
다. 또 흑5로도 d나 e로
굳히는 구상도 생각할
수 있다.

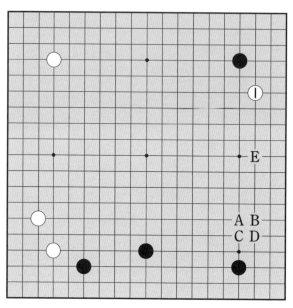

문제도

▨ 연습 테마

흑은 고바야시 스타일의 포진, 백은 양화점. 여기서 우하귀에 백이 A나 B로 걸치는 것이 유연한 수법이며 C, D는 좋지 않다는 것을 이미 알고 있다. E의 갈라침은 아주 가끔 두어지는데, 백은 그도 저도 아닌 1의 걸침을 들고 나왔다.

이에 대한 흑의 대응책을 생각해보자.

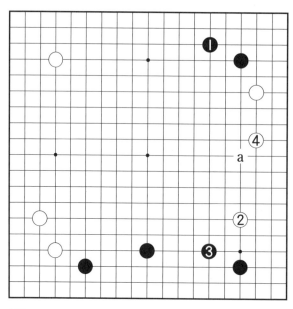

1도

1도(침착 혹은 고지식)

흑1의 날일자는 침착한 응수이지만 그만큼 고지식하다.

백은 쾌재를 부르며 2로 걸칠 것이다. 흑3에 받는 정도일 때 백4로 손을 돌려 뜻한 바를 이루었다. 백4는 a로 높게 구축하는 것도 가능할 것이다. 흑3으로는~

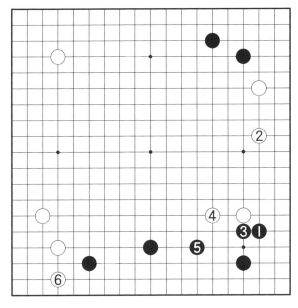

2도

2도(백의 주문)

흑1로 백의 턱밑에 들이대는 수도 있다. 그래도 백은 상관하지 않고 2에 벌린다. 흑3에는 백4로 뛰어 흑5를 강요하고 백6의 수비에 돌아가서 충분하다.

이것도 좋고 나쁨을 떠나서 백의 주문 가운데 하나일 것이다.

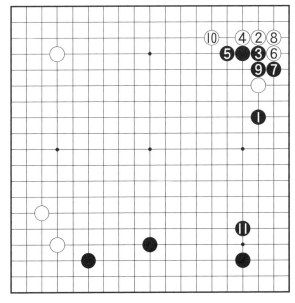

3도

3도(추천 1/ 한칸협공)

어쨌든 협공하고 싶다. 흑1의 한칸협공이 가장 많이 쓰였던 수법인 만큼 이것을 중심으로 변화를 살펴본다.

백2의 3三침입에 이하 10까지의 기본정석 다음 흑11의 한칸굳힘이 명당이라고 할 수 있는 자리이다.

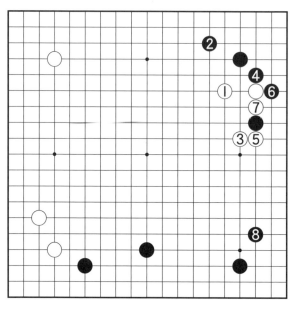

4도

4도(흑, 만족스런 진행)
앞 그림은 흑이 너무 멋
지므로, 백은 3三에 들
어가지 않고 1로 뛰고 3
에 씌워올 공산도 있다.
그러면 흑은 대꾸하지
않고 4에서 6을 활용하
고 8로 우하귀를 굳히
는 수순에 손을 돌려서
만족할 만한 진행이다.

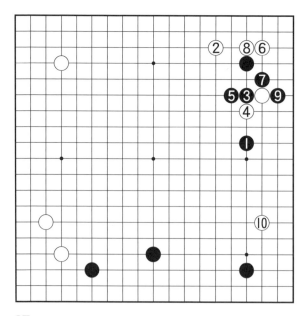

5도

5도(강렬함이 덜하다)
흑1의 두칸높은협공도
유력한 선택이다.
　백2의 양걸침에 흑3
이하 9는 부분적으로는
두터운 수법이지만 백
10의 걸침이 호점이어
서 뭔가 좀 느슨한 느낌
이 든다.
　앞서의 한칸협공보다
는 강렬함이 덜하다.

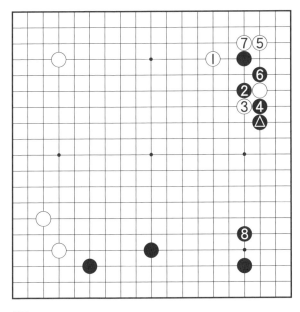

6도

6도(3도와 대동소이)

흑▲의 협공 때 백1의 양걸침이면 흑2 이하 6으로 대응하는 것이 좋다. 백7로 일단락된 다음 흑8로 우하귀를 한 칸으로 굳혀서 3도와 대동소이한 결과를 얻을 수 있다.

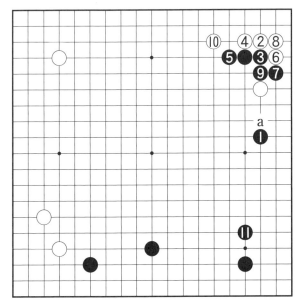

7도

7도(추천 2/ 두칸협공)

처음으로 돌아가서, 흑1의 두칸협공도 위력적인 수법이다.

백2의 3三침입이면 흑3 이하 백10까지의 정석이 완료된 다음 흑11의 한칸굳힘이 절호의 곳이다.

흑1은 a에 있는 것보다 전체적 균형상 조금 낫다.

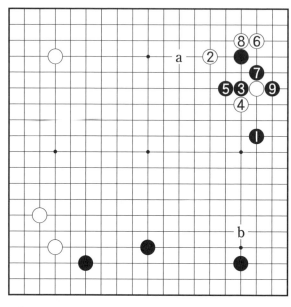

8도

8도(흑, 재미있는 진행)
앞 그림 2로 백2의 양
걸침이면 흑3, 5가 좋
은 대응이다. 앞서의 6
도와 같은 요령이다.

　이하 9까지 일단락된
다음 백a로 지킬 때 흑b
로 굳혀서 문제없이 흑
이 재미있는 진행이다.

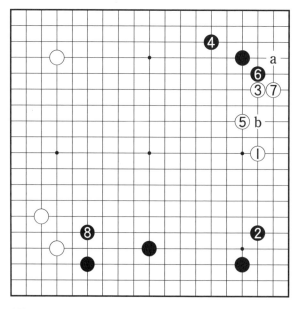

9도

9도(백의 갈라침)
애초에 백1의 갈라침도
가끔 볼 수 있다. 그러
면 흑2의 날일자로 우
하귀를 굳히는 것이 좋
다. 백3에는 흑4로 점
잖게 받는다.

　백5에는 흑6을 활용
하고 8로 하변을 키워
서 멋지다. 백5로 a면
흑b로 침입해 난전이다.

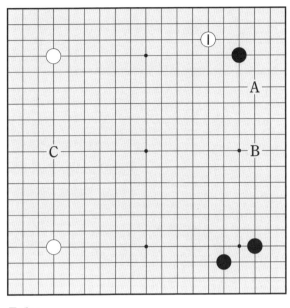

문제도

연습 테마

흑은 화점과 우하귀에서 개방형 소목 날일자 굳힘, 백은 양화점으로 맞선 포진.

여기서 백A쪽 걸침이 보통이며 B의 갈라침이나 C의 3연성도 상식적인데, 1쪽의 날일자걸침은 조금 생소하다. 자, 흑은 어떻게 대응해야 할까?

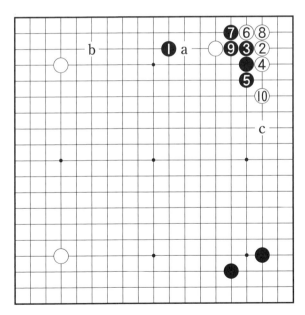

1도

1도(훌륭하지만 허전)

흑1의 두칸협공은 유행 수법. 작전의 방향이란 점에서 흑a의 한칸협공도 비슷한 의미이다.

백2의 3三침입에 흑3 이하 백10까지의 정석이 완료되고 흑b로 걸치든지 c로 육박하게 될 것이다.

훌륭한 한판이지만 뭔가 허전하다.

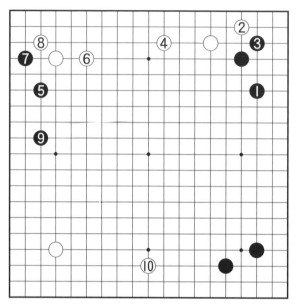

2도

2도(날일자는 장기전)

그렇다면 협공하지 말고 흑1의 날일자로 곱게 응수하는 것은 어떨까?

그러면 백은 2에서 4의 간명한 정석을 택할 공산이 크다. 흑도 5로 걸치고 알기 쉽게 백10까지 진행된다고 가정하면 이것은 장기전 양상이다.

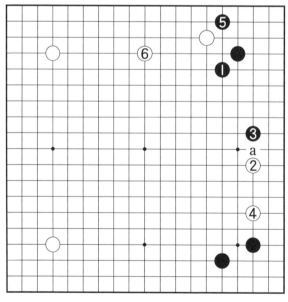

3도

3도(흑의 마늘모)

흑1의 마늘모는 흔히 쓰이는 수는 아니지만 중앙경영을 좋아하는 타입이라면 입맛에 맞을지도 모른다.

백2(또는 a)로 갈라치는 정도이고 6까지의 진행을 예상해 볼 때 이 진행도 긴 바둑이 될 것 같다.

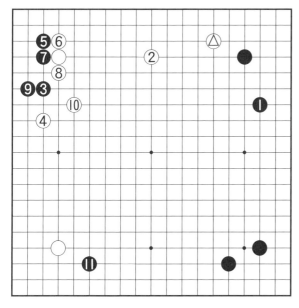

4도

4도(추천/ 눈목자)

백△에 대해 흑1의 눈목자가 대세적 관점에서 추천하고 싶은 대응법이다.

백2에 흑3 이하 9는 기본정석. 다음 흑은 11로 좌하귀에 걸쳐서 재미있는 진행이다.

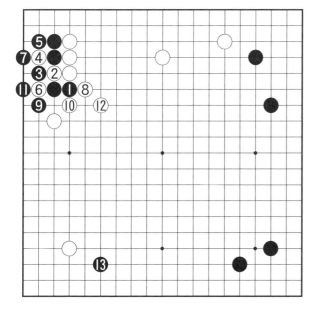

5도

5도(일장일단)

앞 그림 9로는 흑1에 나가고 백2 이하 6을 유도해 흑11까지 형태를 아예 결정짓는 방법도 있다. 백12로 일단락이며 앞 그림과는 일장일단이 있다.

역시 흑은 13으로 걸쳐서 앞서가는 포석으로 보인다.

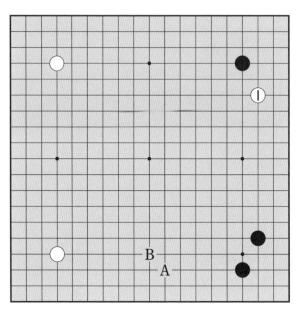

문제도

▨ 연습 테마

흑은 화점과 우하귀 날
일자굳힘의 조합이지만
앞의 [연습 5]와는 굳힘
의 위치가 다르다. 일명
평행형 소목 굳힘.

　보통 이런 배석에서
는 굳힘을 의식해 A나
B에 벌리는 것이 상식
인데 백은 뜻밖에도 1
의 날일자걸침을 들고
나왔다. 이에 대한 흑의
대응책을 생각해보자.

1도(백의 작전대로)

백△에 대해 흑1의 날
일자로 순순히 받으면
백은 손을 빼어 2로 애
초에 두려고 했던 곳으
로 향한다.

　흑3의 걸침에는 백4
로 붙이고 6에 호구쳐
막는 것이 좋은 응수법
이다. 이하 10까지는 백
의 작전대로이다.

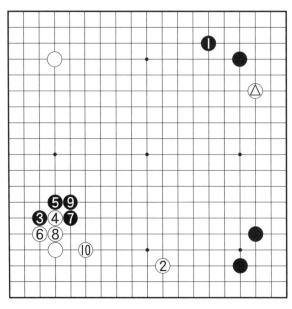

1도

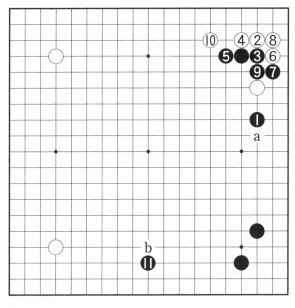

2도

2도(추천/ 협공)

흑1로 협공하는 것이 기세의 한수로 백의 작전을 분쇄하고 있다.

백2의 3三침입에는 흑3 이하 백10까지의 수순을 밟은 다음, 흑은 11로 하변의 큰 곳을 차지해 호조의 흐름이다.

흑1은 a도 좋으며, 흑 11은 b도 있다.

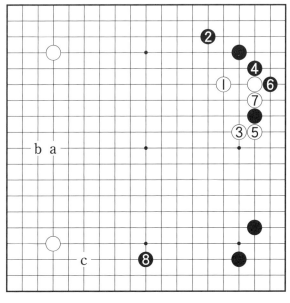

3도

3도(흑, 기분 좋은 흐름)

그러므로 백도 3三에 들어가지 않고 1로 뛰고 3에 씌워올지도 모른다. 그러면 흑4에서 6을 선수하고 8의 큰 곳으로 달려간다.

이 진행도 흑이 기분 좋은 흐름이다. 다음 백 a나 b로 진영을 갖추면 흑c로 걸쳐가게 된다.

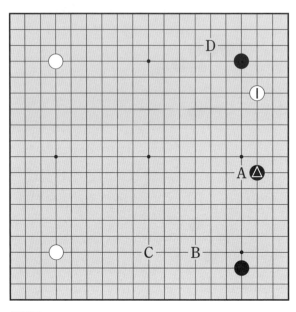

문제도

■ 연습 테마

흑은 중국식 포진, 백은 역시 양화점이다.

흑▲가 A에 있는 높은 중국식이라면 백1의 걸침도 쓰이지만 낮을 때는 B의 다가섬이나 C의 벌림 혹은 D쪽 걸침을 선택하는 빈도가 높다.

어쨌거나 흑의 대응책은 무엇이 좋을까?

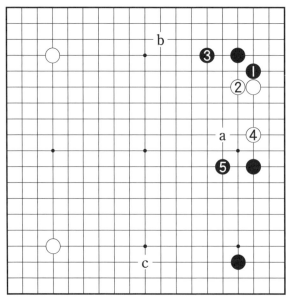

1도

1도(최선/ 누구나 둔다)

흑1로 마늘모 붙이고 3에 뛰는 것은 최선이며 누구나 이렇게 둔다.

중요한 것은 그다음의 운영이다. 백4는 좁지만 당연하며 흑5도 놓칠 수 없는 자리이다. 다음 백a, 흑b, 백c의 진행이면 서로가 무난하다.

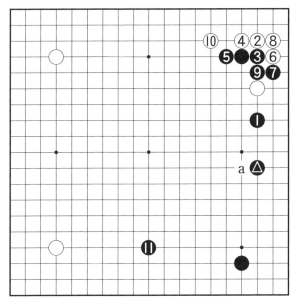

2도

2도(협공도 유력)

흑1로 협공하는 수도 전략에 따라 유력하다. 백2 이하 10은 상식적인 진행이며, 흑은 11의 곳을 둘 수 있어 우하 일대에 세력권을 형성한다. 단, 흑△는 a로 높게 있는 편이 나을 것이다.

　백은 이 진행이 싫으면~

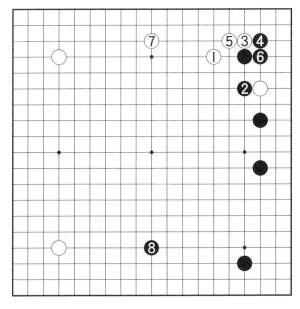

3도

3도(흑, 불만 없음)

3三에 뛰어드는 대신 1의 양걸침을 구사할 수도 있을 것이다.

　그러면 흑2의 붙임은 필연이며 백3, 5로 붙여 끌고 7에 벌려가게 된다. 흑도 8까지 별로 불만이 없을 것이다.

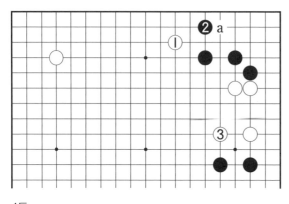

4도

4도(흑, 잽을 얻어맞다)

이 상황에서 백1로 우상 흑진을 엄습하는 것은 욕심 사나운 수법이다. 이때 흑2(또는 a)로 응수하는 것은 너무 침착하다.

백은 유유히 3에 뛸 것이다. 흑은 잽을 하나 얻어맞은 모습이다.

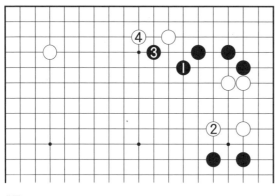

5도

5도(흑, 다소 미흡하다)

흑1의 마늘모로 싸우자는 것은 약간 발걸음이 느리다. 백은 그 교환만으로 만족하고 볼 것도 없이 2에 뛸 것이다. 흑3에는 백4로 받아 별로 탈이 날 것도 없다. 이 결과 역시 흑이 다소 미흡하다.

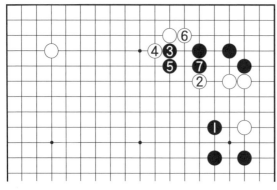

6도

6도(최선/ 강력 꼬부림)

적의 급소인 흑1로 꼬부려 뛰는 것이 강력한 태도이다. 백2 때 흑3으로 붙여 기대기 공격. 백은 7까지 상변에서는 득을 보았지만, 오른쪽 진영은 말씀이 아닌 모습이다.

연습 8 중국식에서 걸친 후 즉각 3三침입

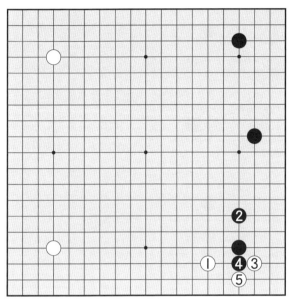

문제도

■ 연습 테마

흑은 중국식, 백은 양화점으로 맞서고 있다.

우하귀에서 백이 1의 날일자로 걸치고 흑2에 받을 때 즉각 백3으로 뛰어들었다. 흑4는 당연하며 백5의 젖힘.

여기서 흑은 어떻게 대응해야 할까?

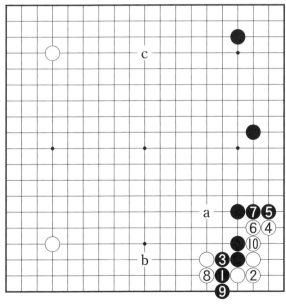

1도

1도(백, 발 빠르다)

즉각 흑1로 젖히는 것은 부분적으로 강력하지만 가장 바람직한 생각이 아니다.

백은 2로 잇고 4에 달려서 귀를 파헤칠 것이다. 흑5, 7에 백8로 건너자고 하고 흑9를 기다려 백10으로 산다. 다음 흑a에 백b로 벌리든지, c로 큰 곳으로 가든지 할 것이다. 일단 보기에 백이 발 빠르다.

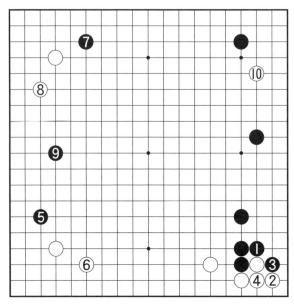

2도

2도(실전 예)

부분적으로는 흑1로 막고 백2에 흑3을 선수하고 5의 걸침에 손을 돌리는 것도 생각할 수 있는 진행이다.

이하 9까지는 실전에 나왔던 진행. 우상귀를 백10에 걸쳐 공방전이 벌어졌다.

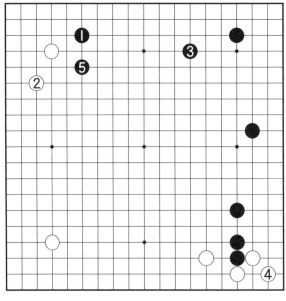

3도

3도(흑, 편한 국면)

우하귀에서 손을 빼어 흑1로 좌상귀를 걸치고 3으로 우상 일대를 건설하는 것도 유력한 착상이다.

백4는 실전에서 두어진 수였지만, 흑5가 호점이어서 흑이 편한 국면이 되었다.

2
화점과
3크 전략

화점이라는 지위가 가진 장점은 현대바둑의 특성 중 하나인 속도전에서 타의 추종을 불허한다는 점을 꼽지 않을 수 없다. 그런가 하면 화점은 세력을 펴는 교두보가 될 뿐 아니라 어느새 실리로 돌아설 수도 있는, 이른바 변신의 천재이다. 유일한 약점은 3三의 곳이 비어 있어 근본적으로 실리에 취약하다는 것이다.

　화점과 3三은 상충하면서도 유기적으로 연결되며, 이를 어느 정도 습득하느냐에 따라 전체적 작전을 짜는 데 결정적 도움이 될 것이다.

　이 장에서는 3三침입을 배경으로 한 공방에 대해 10가지 유형의 전략 테마로 나누어 정리했다. 이어지는 10개의 연습은 복습을 겸해 실전의 응용력을 키우기 위한 내용이다.

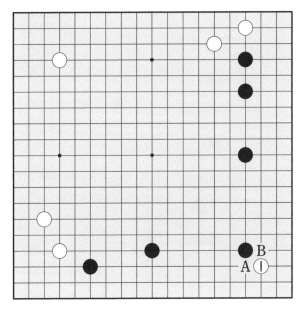

장면도

전략 테마

흑은 3연성, 백은 양화
점(2연성)으로 시작한
포석이다. 우하 일대에
이른 시기에 흑의 대모
양이 형성되려고 하는
순간, 백1의 3三침입!

여기서 흑의 선택은
A와 B 가운데 어디가
좋은지 생각하며 출발
해보자.

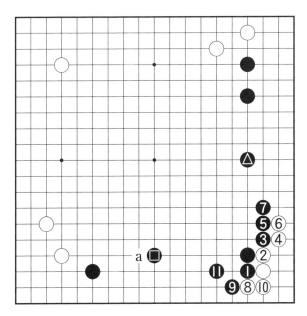

1도

1도(방향착오/ 중복)

흑1쪽을 막는 것은 방
향착오. 백2에 흑3, 5
이하 11까지는 기본정
석의 하나로 이렇게 될
곳이다.

이 결과는 우변 흑▲
뿐 아니라 하변 흑■(a
에 있는 편이 낫다)의 위
치가 다소 중복임을 부
인할 수 없다.

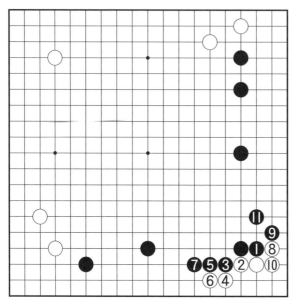

2도

2도(올바른 방향)

당연히 흑1쪽을 막아야 한다. 이쪽이 올바른 방향이었다. 역시 백2 이하 흑11까지는 외길이나 다를 것이 없는 진행이다.

　앞 그림과 비교하면 이쪽이 좀 더 탄탄한 집 모양을 구축할 가능성이 높다.

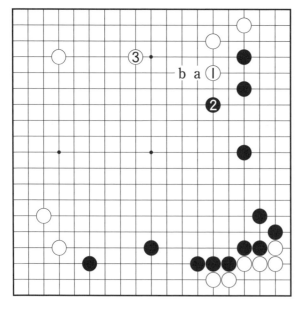

3도

3도(흑 세력이 웅대)

앞 그림에 이어, 백1의 한칸뜀은 시급한 한수. 흑2도 요소이며 백은 3으로 구축해 대항하게 되는데, 흑은 우변 세력이 웅대한 만큼 불만은 없다.

　백1을 소홀히 하면 흑a나 b가 호점이 되므로 백이 견딜 수 없다.

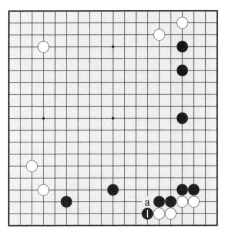

▨ 늘지 않고 막으면?

이 장면에서 흑은 a에 느는 것이 정수. 그런데 흑은 다짜고짜 1로 막았다.

자, 백은 여기서 어떻게 대응하는 것이 좋을까?

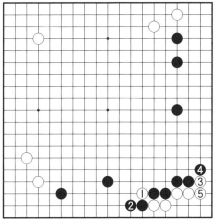

참고도 1(단점 강조)

일단 백은 1로 끊어 놓는 것이 좋다. 흑2를 기다려 점잖게 백3, 5로 젖혀이어서 흑의 여러 군데의 단점을 강조하는 것도 하나의 방법이다.

이 정도만 해도 흑은 응수하기가 거북하다.

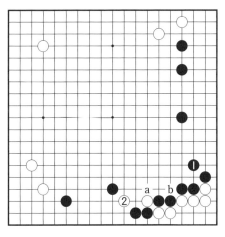

참고도 2(뛰는 것이 맥점)

계속해서 흑1로 호구치는 정도일 때 백2로 뛰는 것이 맥점이다. 백 a의 선수활용이나 b로 끊는 여지를 남기고 이렇게 가는 것이 고급스러운 수법이다.

이것으로 흑은 응수하기가 난감하다.

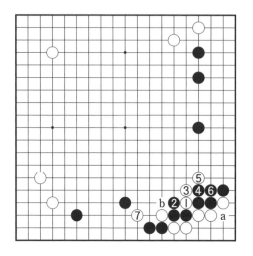

참고도 3(백의 강수)

백은 a에 잇지 않고 1쪽을 바로 끊는 강수를 구사하는 것도 가능하다.

흑2에서 4는 최강의 저항이다. 백은 5로 따끔하게 한방 선수하고 7로 뛰는 것이 앞서 배운 요령이다. b의 단수를 함축하고 있다.

참고도 4(부득이한 수들)

앞 그림에 이어, 흑이 1로 단수하고 3으로 또 이쪽을 단수하고 5로 몬 것도 부득이하다.

백6의 붙임이 기다려온 매서운 일격! 흑7도 절대의 한수이다. 이다음~

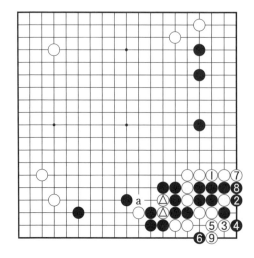

참고도 5(백, 재미있다)

백1 이하 9까지는 거의 외길. 귀는 패가 끼어 있지만 일단은 빅으로 본다.

백△ 두점은 현재는 축이지만 달아나는 수를 노릴 수도 있고, a로 활용하고 버릴 수도 있으니 백이 재미있다.

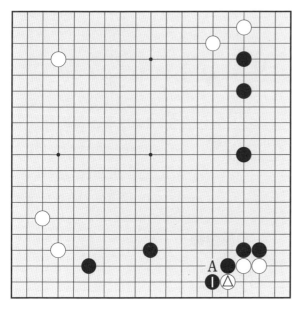

장면도

전략 테마

백△의 젖힘에 흑은 A에
느는 것이 일반적이다.
그런데 느닷없이(?) 흑
1로 이단 젖혔다. 과연
무슨 뜻일까?

백은 흑의 의도를 읽
고 적절한 대응책을 강
구했으면 한다.

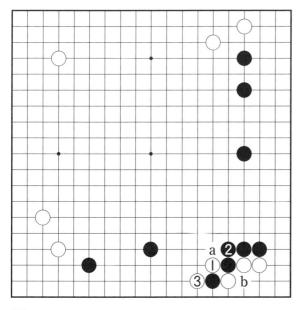

1도

1도(흑의 주문)

흑의 주문은 백1, 3으
로 잡아 달라는 것이다.
자연스러운 진행처럼
보이는 이 수순에 무슨
문제가 있는 것일까?

이다음 흑은 a와 b의
선택이 있는데, 과연 어
떻게 두려는 것일까?

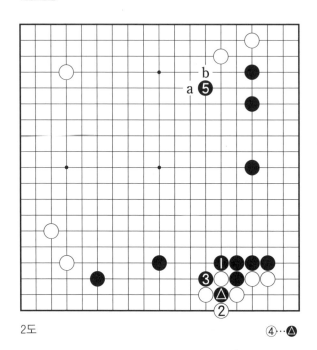

2도

④…△

2도(일관성 있는 작전)
흑1쪽에서 단수하는 것이 일관성 있는 행동이다. 백2는 당연하며 거기서 흑3으로 또 단수하고 5로 달려가서 세력을 확장하는 것이 흑의 작전이었다.

흑5는 a나 b도 생각할 수 있는 수법이다.

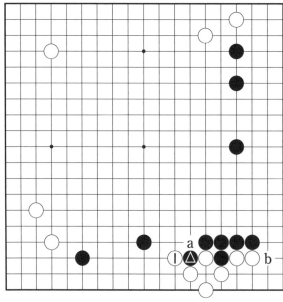

3도

3도(주의할 점)
흑은 한 가지 주의할 점이 있다. 그것은 흑이 △로 단수했을 때 백이 반드시 이어준다는 보장이 없다는 점이다.

백1로 반격하는 수도 있다. 흑이 a에 물러서야 한다면 백b로 빠져서 흑이 당한 셈이다.

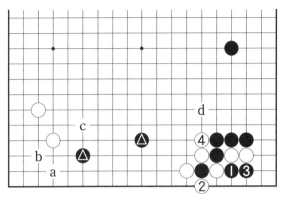

4도

4도(일관성이 없다)

이 상황에서 흑1로 끊는 것은 일관성이 없다. 백4로 밀어올리는 자세가 너무도 좋다. 흑은 ▲ 두점이 약화되어 a, 백b, 흑c로 보강하는 정도인데, 백d가 오면 우변 흑 세력은 온데 간 데 없다.

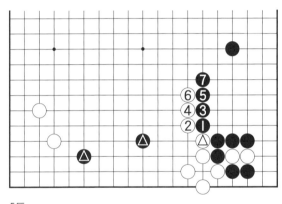

5도

5도(흑, 지나친 욕심)

백△에 흑1로 젖히고 백2에 흑3으로 느는 것은 흑▲ 두점이 점점 약해지므로 바람직하지 않다. 흑7까지 한껏 우변을 지켰지만 이것은 욕심이 지나치다. 하변 흑▲ 두점이 온전할 것 같지가 않다.

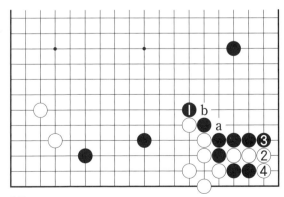

6도

6도(무모한 이단젖힘)

흑1에 이단젖히는 것은 무모한 행동이다. 백2로 살그머니 빠져나가면 흑은 응수할 방법이 없다. 흑3에 백4로 귀의 임자가 바뀌었다.

흑3으로 4는 백a, 흑b, 백3으로 흑의 낭패이다.

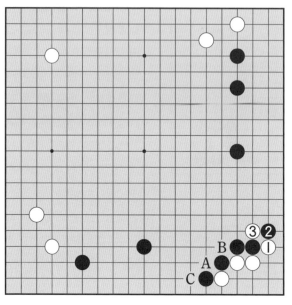

장면도

■ 전략 테마

[2형]의 연장전. 흑의 이단젖힘에 백A, 흑B, 백C는 흑이 바라는 진행이다.

그래서 들고 나온 수단이 백1쪽을 젖히고 흑2에 받을 때 백3으로 끊는 것인데, 이 응접은 어떻게 되는 것인지 살펴본다.

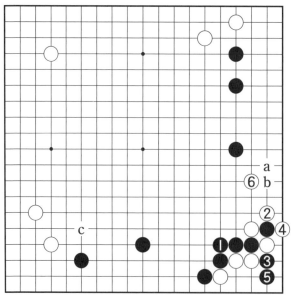

1도

1도(꽉이음이 최선)

흑1로 꽉 잇는 것이 최선의 한수이자 정수이다. 백은 2로 잡고 흑은 3, 5로 귀를 크게 접수해 만족한다.

백6 다음 흑은 a, 백b를 활용하고 흑c로 한 칸을 뛰어 하변을 키우는 진행이 예상된다. 백6으로는~

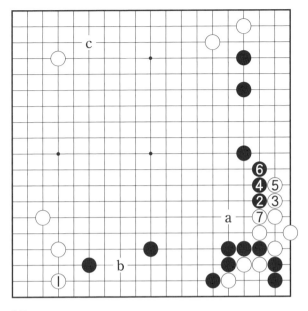

2도

2도(허점을 노린다)

백1로 좌하에 손을 돌려 귀를 지키면서 흑의 허점을 노릴 수도 있다. 흑2가 따끔하지만 백3에서 7로 대응해 탈이 없다.

다음 흑a에 봉쇄한다면 백b로 침공하거나 c로 좌상귀를 굳히자는 뜻이다.

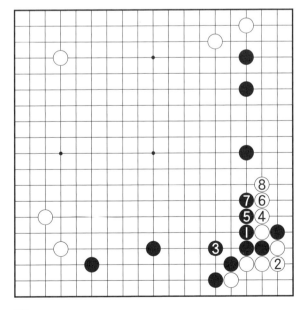

3도

3도(단수는 부적합)

처음으로 돌아가서, 흑1로 단수하는 것은 이 경우 합당하지 않다. 백2의 이음에 흑3으로 지킬 때 백4로 나가는 수가 성립하기 때문이다.

다음 흑5에는 백6, 흑7에는 백8로 늘어서 흑의 실패가 역력하다.

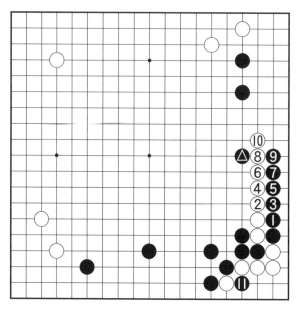

4도

4도(찬성할 수 없다)

앞 그림 5로는 흑1로 기어나가는 수도 없지는 않다.

하지만 흑3 이하 9까지 2선을 다섯 번이나 기어야 하고 더욱이 ▲가 다치므로 11로 끊어서 귀를 잡는다 해도 찬성할 수 없다.

이 결과는 문제없이 백이 좋다.

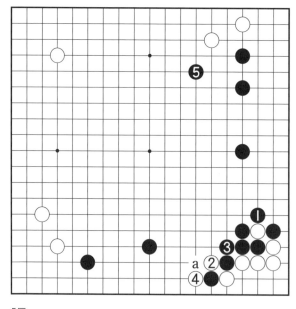

5도

5도(유력한 따냄)

이 상황에서 흑1로 따내는 수는 의외지만 때로는 유력하다.

백2, 4를 불러 부분적으로 다소 손해이지만 손을 돌려 흑5로 세력을 확장해서 전략상 불만이 없다.

아래쪽은 흑a로 단수해서 봉쇄하는 수를 보고 있다.

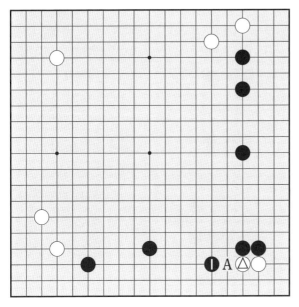

장면도

전략 테마

이번에도 흑의 3연성 대 백의 2연성(양화점).

백△ 때 흑이 A로 젖히지 않고 1로 슬쩍 늦춰서 백의 동향을 살피는 수법도 한때 유행했던 유력한 작전 가운데 하나이다. 과연 무슨 뜻인지 살펴본다.

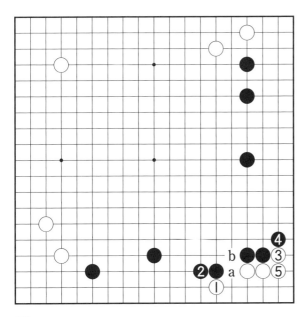

1도

1도(묘미 있는 수법)

백1의 붙임은 이것이 묘미 있는 수법이다. 백a, 흑b를 문답하지 않는 데 주목하기 바란다.

흑2를 기다려 백3, 5로 젖혀잇고 흑이 어떤 식으로 두어오는가를 관망한다.

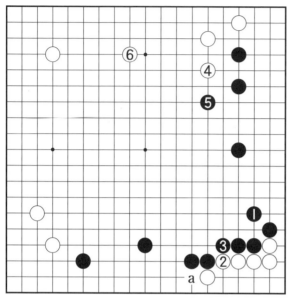

2도

2도(호구친다면)

흑1로 호구친다면 그제야 백2, 흑3을 선수하고 백4로 뛴다. 흑5는 놓칠 수 없는 요소이다 (거꾸로 백에게 이곳을 당하면 흑 세력이 우그러든다). 백도 6으로 상변을 구축해서 대항한다.

a의 곳은 누가 두어도 큰 곳이다.

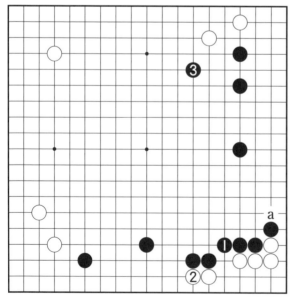

3도

3도(선수를 뽑자는 뜻)

호구치지 않고 흑1로 늘어서 선수를 뽑자는 것이 흑의 속셈이었다. 백2를 기다려 흑3으로 세력을 확장해서 우변의 모양이 웅대하다.

단, a의 껴붙임에서 비롯되는 백의 파괴전법이 성가시므로 앞 그림과는 일장일단이다.

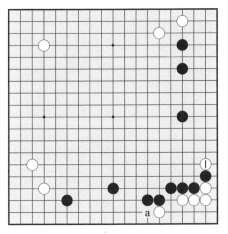

꺼붙임의 대응책

이 장면에서 백은 a로 기어나가지 않고 1로 꺼붙여서 흑의 응수를 살폈다. 경우에 따라서는 a를 생략하자는 의도를 품고 있다.

이에 대한 흑의 대응책을 생각해보자.

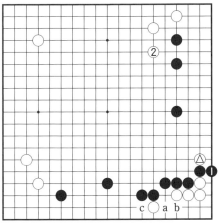

참고도 1(내려서는 한수)

백△에 대해 흑은 삼수갑산에 갈 망정 1로 내려서는 한수이다. 그러면 백은 2로 뜰 요량이었다.

이다음 흑a, 백b, 흑c에도 백은 손을 뺄 수 있는 것이 자랑이다. 백2로는~

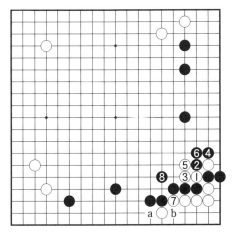

참고도 2(프로의 실전 예)

백1로 끊고 5와 7을 선수활용한 프로의 실전도 있다.

백 석점은 이용가치가 완전히 사라진 돌은 아니다. 그리고 흑이 a와 b를 연타해도 선수가 안 되는 점에 주목할 것.

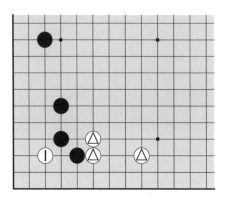

장면도

▨ 전략 테마

백1의 3三침입에 대한 흑의 대응을 묻는다. 몇 가지 응수가 있는데 그 선택은 백△ 석점이 강한 돌이냐 약한 돌이냐에 따라 달라진다.

돌의 강약을 판별하는 것이 가장 중요한 일임은 물론이다.

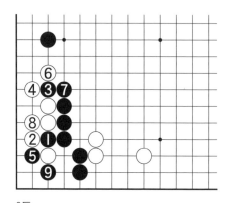

1도

1도(세력 활용작전)

흑1로 내려서는 것은 백을 귀에서 살도록 하지만 그 대가로 얻은 세력을 활용해 바깥쪽 백△를 공격하려는 작전을 구사할 때 쓰는 수법이다.

백2, 4에 흑5로 젖히면 백은 6에서 8로 크게 살아둔다. 흑5로는~

2도

2도(일반적인 진행)

흑1로 하나 찔러두고 3에 젖히는 것이 일반적인 진행이다.

백4 때 흑은 두 가지 선택이 있는데, 그 하나가 흑5로 끊어서 귀를 다시 찾아오는 것이다. 백6, 8에 흑9로 잡는 것은 당연하다. 이다음~

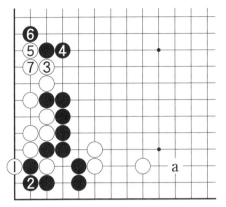

3도

3도(맹공을 퍼붓는다)

백은 1, 흑2를 선수하고 백3에 치받아 삶을 확인하게 된다. 흑4에 백5, 7의 젖혀이음은 손뺄 수 없다고 알아두기 바란다.

여기서 흑은 a의 곳으로 손을 돌려 백 석점에 맹공을 퍼붓게 될 것이다.

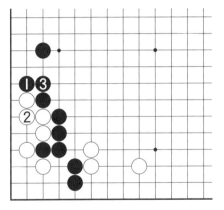

4도

4도(이단젖힘은 좋지 않다)

2도의 5로 흑1로 이단젖히는 것은 이 경우 좋은 선택이 아니다.

백2에 흑3으로 이어서 후수를 끈다면, 귀는 이대로 살아 있으므로 백은 오른쪽 석점을 돌보는 수순에 손을 돌릴 여유가 생긴다.

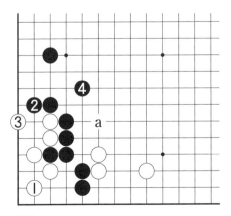

5도

5도(잠자코 호구친다)

이 상황에서 백1로 잠자코 호구치는 수도 가능하다. 그러면 흑은 2, 백3을 선수하고 흑4 또는 a로 지키게 된다.

백도 이 그림의 수순이면 약화된 석점을 보강할 수 있으니 나쁘지 않다.

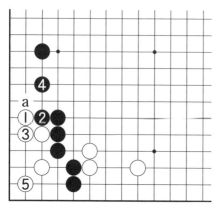

6도

6도(마늘모 수단)

1도의 4로는 백1로 마늘모하는 수도 있다. 바깥쪽에 되도록 나쁜 영향을 주지 않으려는 뜻이다.

흑2, 4는 틀이고 백5로 일단락되며, 흑은 바깥쪽 백을 공격하는 수순이 돌아온다. 흑4는 a로 막는 수도 가능하다.

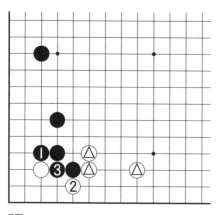

7도

7도(찬성할 수 없다)

흑1로 물러서는 것은 찬성할 수 없다. 이 수는 백△ 석점이 강할 경우, 요컨대 도저히 공격할 수 없다고 판단될 때 써야 한다.

백2의 젖힘 한방이 아프다. 백이 만족할 만한 성과일 것이다.

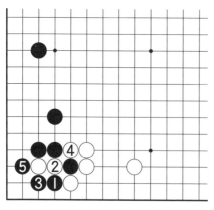

8도

8도(가장 나쁜 코스)

앞 그림 3으로 흑1에 젖히고 3, 5로 처리하는 것은 백을 두텁게 해주므로 가장 나쁜 코스이다.

귀의 흑이 불안하다고 생각될 경우에는 이 그림의 진행도 그리 나쁘지 않겠지만…

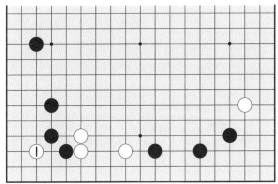

장면도

▨ 주변 돌의 강약 판단

오른쪽의 상황이 좀 더 구체화되었다. 백1의 3三침입에 흑은 어떻게 대응하는 것이 바람직할까?

돌의 강약을 잘 판단해서 구상해주기 바란다.

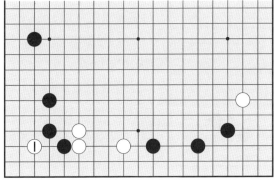

1도

1도(안일한 태도)

흑1로 물러서는 것은 안일한 태도이다. 백2의 젖힘 한방을 선수당해 흑3으로 굴복할 수밖에 없는 점이 아프다.

백은 4로 뛰어서 편안한 모습이다. 백4는 a에 붙이는 수도 있을 것이다.

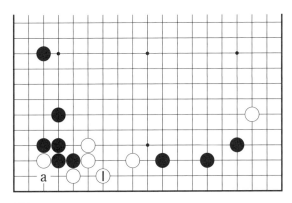

2도

2도(현실적인 수법)

그런데 앞 그림 4로는 백1에 호구치는 것이 현실적인 수법인지도 모른다.

이러면 백은 완생형이며, 다음 백a로 살려오는 수가 어마어마하게 크다.

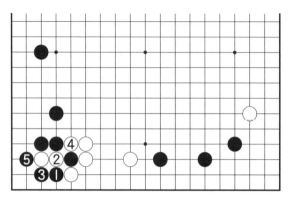

3도

3도(백, 두터운 자세)

1도의 3으로 흑1에 젖히는 것도 좋은 결과를 얻기 어렵다.

백2에 흑3, 5로 타고 건너서 귀는 보전할 수 있지만 한점을 따낸 백의 자세가 너무도 두텁다.

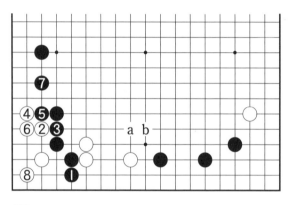

4도

4도(최선/ 내려섬)

단호하게 흑1로 내려설 곳이다. 귀는 백에게 내주지만 바깥쪽 백 석점을 공격해 대가를 구할 수 있다는 판단이다.

백2 이하 8 다음 흑은 a나 b로 공세를 편다.

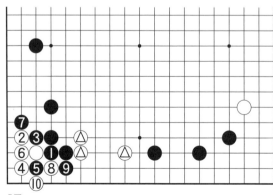

5도

5도(별책/ 중용의 도)

흑1의 빈삼각은 특수한 상황에서의 응수법이다. 소극적도 아니고 적극적도 아닌, 좋게 보면 중용의 도랄까.

백2 이하면 귀에서 살 수 있지만 백△가 약화된 만큼 흑도 둘 만하다.

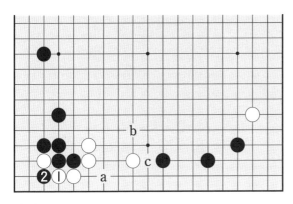

장면도

흑의 노림은?

백은 a로 호구치거나 b에
뛸 곳인데, 1로 들어가 흑
2와 교환한 것은 명백한
악수이다.

중대한 결함이 생긴 백
은 c에 치받는 수가 시급
했지만 손을 뺐다. 흑의
노림을 생각해보자.

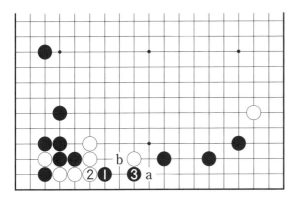

참고도 1

참고도 1(통렬한 급소)

흑1로 들여다보는 것이
백의 근거를 빼앗는 통렬
한 급소 일격!

백2를 강요하고 흑3에
붙여서 건너면 백은 빈털
터리 신세가 된다. 다음
백a는 흑b로 무리.

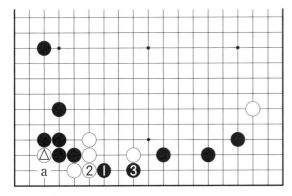

참고도 2

참고도 2(큰 수가 생긴다)

이 상황에서 흑1로 들여
다보고 3에 건너는 것은
좀 다르다.

백은 a로 귀의 백△ 한
점을 살려오는 수단이 생
긴다. 이것이 큰 수! 앞
그림에는 이런 게 없다.

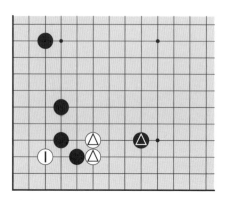

장면도

협공에서의 3三침입

백△ 두점을 흑이 ●로 협공한 장면이다.

그러자 백은 달아나지 않고 1로 3三침입해 왔다. 무리수가 분명한데, 흑은 어떻게 응징해야 할까?

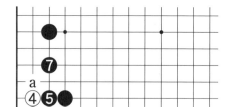

1도

1도(최선/ 내려섬)

백△를 공격하고 있는 중이므로 흑1로 내려서는 것이 일관성 있는 태도이다.

백2, 4에는 흑5에서 7(또는 a)로 대응하는 것이 보통이다. 이로써 백△ 두점은 거의 움직일 수 없다.

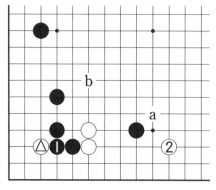

2도

2도(빈삼각은 어정쩡)

백△의 3三침입에 대해 흑1의 빈삼각은 어정쩡한 태도이다.

백은 귀에 맛을 남겨놓고 손을 빼어 2로 협공할 가능성이 크다. 다음 흑a에는 백b로 뛰어 동행을 외칠 수도 있다.

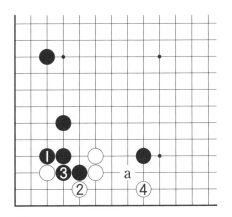

3도

3도(흑1, 소극적)

흑1로 물러서는 것은 소극적인 태도이다. 백은 2로 하나 젖혀놓고 4에 달려서 가볍게 수습해 버린다.

배석관계에 따라서는 백4 대신 a로 두어 빨리 안정하려고 할지도 모른다.

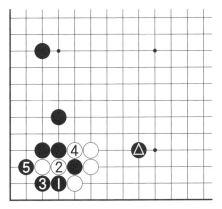

4도

4도(혼자만의 수읽기)

앞 그림 3으로는 흑1에 젖혀나가 3에서 5로 귀를 보전하면서 백을 무겁게 만드는 것도 그럴 듯해 보인다. 흑▲가 안성맞춤이니까.

그러나 이것은 혼자만의 수읽기이다.

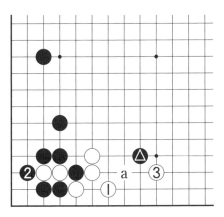

5도

5도(백의 절묘한 호구)

앞 그림 4로는 백1로 호구치는 절묘한 맥점이 있었다.

흑2로 따낼 수밖에 없을 때 백3으로 훌쩍 날아가서 수습하면 흑▲가 무안해진다. 흑2로 a는 백2가 있어 무리.

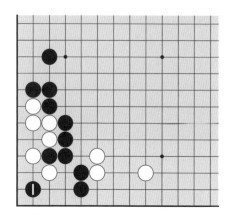

장면도

▨ 귀의 들여다보기

[5형] 4도에서 종료된 상황이다.
여기서 흑이 1로 귀를 들여다봤다.

자, 이럴 때 백은 어떻게 응수하
는 것이 좋을까?

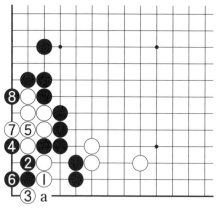

참고도 1

참고도 1(차단하면 패)

백1에 차단하다가는 흑2로 끊겨서
큰일 난다. 백3에는 흑4로 단수하
고 6에 꼬부리는 것이 좋은 수순이
다. 결국 백7, 흑8로 패가 된다.

백7로 a는 흑8을 불러 오궁도화
의 죽음이다.

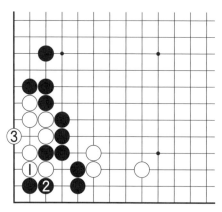

참고도 2

참고도 2(정해/ 이음)

억울한 듯하지만 백1로 잇는 것이
정수이다. 흑2에는 백3으로 살 수
밖에 없다. 이 형태에서는 흑에게
이런 큰 이득이 있다는 점을 알아
두기 바란다.

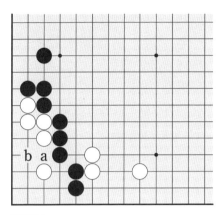

장면도

교환이 없는 경우

흑a, 백b의 교환이 없는 점이 앞의 장면과 다르다.

　이 형태에서 흑은 어떤 좋은 수가 있을까? 힌트를 준다면 이 백은 무사할 수 없다는 것이다.

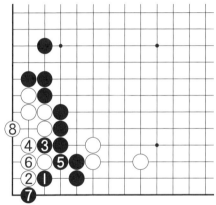

참고도 1

참고도 1(끝내기에 불과)

흑1, 3, 5를 선수하고 7에 젖히는 것은 끝내기에 불과한 수법이다. 백은 여유 있게 8로 살아 버린다. 실전이라면 이렇게 될지도 모른다.

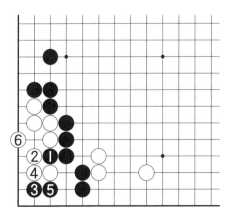

참고도 2

참고도 2(앞서와 똑같다)

흑1로 찔러 백2에 받게 하고 흑3으로 들여다보면 앞서 나왔던 형태와 똑같아진다.

　백은 4로 이어서 안전을 도모할 것이고 6까지 가볍게 산다.

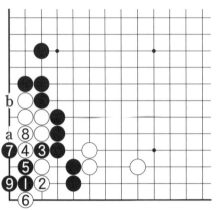

참고도 3

참고도 3(패는 미흡하다)

흑1의 치중은 그럴 듯하다. 백2면 흑3에서 5로 끊는 수가 있으니까.

이러면 흑9 다음 백a, 흑b의 패가 불가피하다. 하지만 이 결과는 아쉽게도 미흡하다.

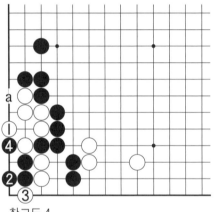

참고도 4

참고도 4(역시 패)

앞 그림 6으로 백1에 버텨도 흑2를 불러 무조건 살지는 못한다. 4까지 역시 패.

수순 중 흑2로 a에 젖히는 것은 백2의 배붙임이 급소여서 그냥 살려준다.

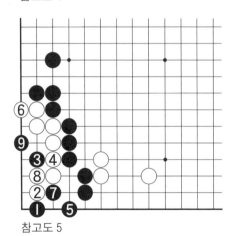

참고도 5

참고도 5(정해/ 눈목자달림)

흑1의 눈목자달림이 백의 명맥을 끊는 급소이다. 백2에는 흑3으로 치중하고 5로 건너는 것이 좋은 수순이어서 백은 살길이 없다.

다음 백6으로 궁도를 넓혀도 흑7, 9로 그만이다.

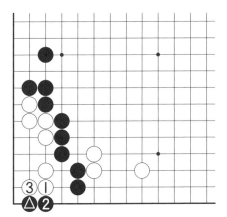

참고도 6

참고도 6(까다로운 저항)

흑▲에 대해 백1, 흑2를 교환하고 백3으로 꼬부려 막으면서 궁도를 최대한 넓히는 것이 가장 까다로운 저항이다.

다음 그림을 보기 전에 답을 내기 바란다.

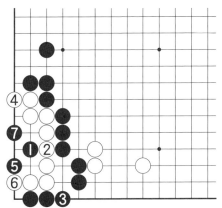

참고도 7

참고도 7(오궁도화의 죽음)

앞 그림에 이어, 흑1로 치중하고 3에 연결하는 것이 냉정한 공략이다.

이로써 백은 사는 수가 사라진다. 백4에는 흑5, 7로 오궁도화의 죽음이다.

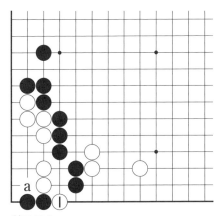

참고도 8

참고도 8(희생타에 대해)

이 상황에서 백이 a에 둔 것이 **참고도 6**이었다.

그런데 만약 백1로 희생타를 던지면 흑은 어떻게 대응해야 할까?

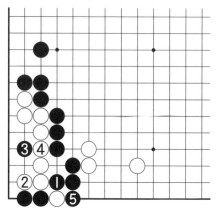

참고도 9

참고도 9(잡는 수가 없다)

흑1로 즉각 받아달라는 것이 백의 속셈이었다.

　백이 2에 단수하는 순간, 흑이 이 백을 잡는 수는 사라진다. 흑3의 치중이 필살의 일격이지만 백4, 흑 5 다음~

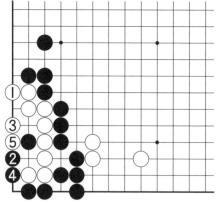

참고도 10

참고도 10(참고도 7과 다르다)

백1로 궁도를 넓히는 것이 삶의 급소. 흑2에 이번에는 백3으로 눈을 만드는 수가 성립하는 것이다.

　흑4로 건너도 백5면 흑의 꼬리는 못살아간다. 이것이 **참고도 7**과 다른 점이다.

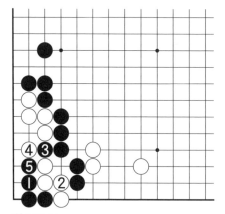

참고도 11

참고도 11(흑1, 침착)

이 상황에서 흑1로 올라서는 수가 침착하다.

　변화의 여지를 주지 않는 수법으로, 백2에 잇지 않을 수 없을 때 흑 3, 5로 나가끊어서 그만이다. 이것으로 간단하게 백의 죽음!

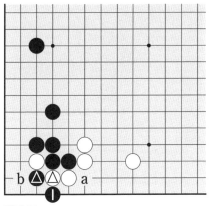

장면도

▨ 젖힘의 주문

백△와 흑▲가 교환된 상황에서 흑
1로 젖힌 수는 백a에 이어달라는
주문이다.

　그러면 선수로 백b의 끝내기를
방어할 수 있지 않느냐는 것이다.
자, 백의 응수는 무엇이 좋을까?

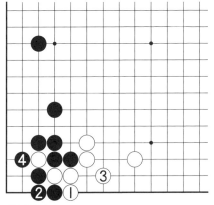

참고도 1

참고도 1(막음이 최선)

뜻밖일지도 모르지만 백1로 막는
수가 최선이다. 흑이 2로 잇는다면
그때 백3으로 호구친다.

　그러면 흑은 4가 불가피하므로
백이 선수를 쥐게 된다.

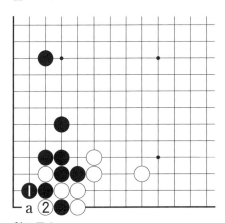

참고도 2

참고도 2(느는 것이 정수)

그러므로 흑도 잇지 않고 1에 늘어
서는 것이 정수이다. 백도 2에 따내
어 이번에는 흑의 선수이다.

　단, a는 백의 선수 권리로 봐야
할 것이다. 이것이 쌍방 최선.

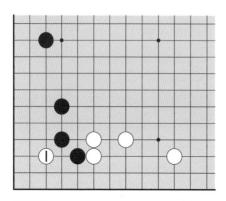

장면도

▨ 전략 테마

백1로 3三침입해 왔다. 바깥쪽의 백이 강한 돌이냐 약한 돌이냐가 응수의 기준이 되는데, 한눈에 봐도 강한 돌이라고 판단된다. 그렇다면 흑의 응수는 빤하다.

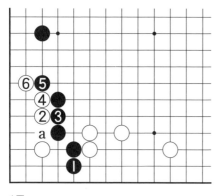

1도

1도(생각 없는 행동)

흑1로 내려서는 것은 돌의 강약을 무시한 생각 없는 행동이다. 백은 2로 들여다보고 4에 기어나간다.

다음 흑은 5로 그냥 젖힐지 a에 먼저 찌를지 모르지만, 여기서 그게 중요한 것이 아니다.

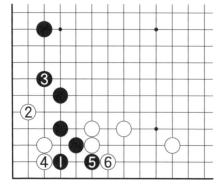

2도

2도(하수의 마늘모)

흑1은 이른바 하수의 마늘모라고 부르는 어정쩡한 수법이다.

백2의 날일자에 흑3의 마늘모는 틀이지만 백4로 간단하게 산다. 흑은 6까지 아무 소득도 없이 귀만 빼앗겼다.

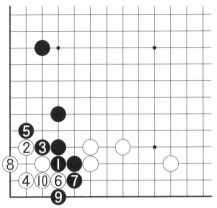

3도

3도(빈삼각도 미흡)

흑1의 빈삼각이면 백은 2로 마늘모 하는 것이 정해진 틀이다. 흑3에는 백4로 호구쳐서 살 수 있다.

백은 10까지 별로 다친 게 없으니 흑이 미흡한 결과임이 분명하다.

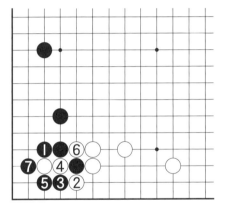

4도

4도(물러서는 것이 적절)

흑1로 물러서는 것이 최선이자 정수로 보인다.

단, 백2에 흑3, 5로 돌려치면서 귀를 지키는 것은 좀 생각할 점이 있다. 왜냐하면 백이 두터워지기 때문이다.

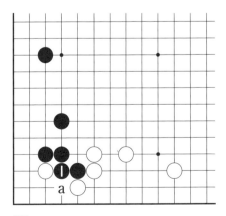

5도

5도(웅크림이 좋다)

앞 그림 3으로는 흑1로 웅크리는 수가 좋다. 약간 활용당한 느낌이지만 물러섰기 때문에 어차피 이 정도는 감수해야 한다.

다음 a의 곳이 부분적으로 작지 않은 수로 남는다.

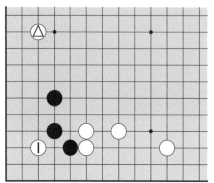

장면도

좌변의 배석이 다를 경우

하변의 배석은 같은데 좌변이 다르다. 좌변에 흑돌 대신 백△가 놓여 있다.

이번에는 백1의 3三침입에 흑의 대응은 무엇이 좋을지 생각해보자.

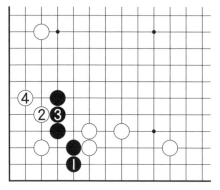

1도

1도(무모한 행동)

흑1로 내려서는 것은 주변의 상황을 도외시한 무모한 행동이다.

백2로 들여다보고 4에 마늘모하면 흑돌 전체가 곤마가 될 우려마저 생긴다.

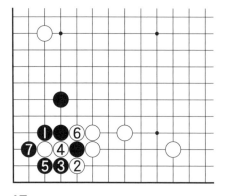

2도

2도(자중이 최선)

주변의 백이 견고한 만큼 자중해야 한다.

여기서는 흑1로 몸을 사려야 한다. 백2에 흑3 이하 7까지 처리해 안전을 도모한다. 이러면 살아 있으니 안심이다.

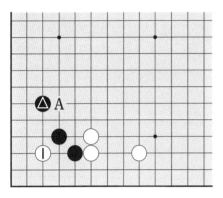

장면도

전략 테마

먼저 흑▲의 위치에 주목하기 바란다. 지금까지 흑돌이 A의 곳에 있는 형태였는데, 이렇게 날일자로 낮게 있으면 응접이 다소 달라진다.

백1의 3三침입 이후 흑의 대응전략에 대해 살펴본다.

1도(찬성할 수 없다)

바깥쪽 백돌이 강한가 약한가를 먼저 따져야 하는데, 약한 돌은 아니지만 그렇다고 강한 돌도 아니다.

그런 뜻에서 소극적으로 흑1에 물러서는 것은 찬성할 수 없다.

1도

2도(다소 낫다)

앞 그림 3으로는 흑1에 웅크리는 것이 다소 낫다. 백은 2로 기어들고 4에 압박할 것이다.

흑5는 근거를 지킨 수로 백a, 흑b, 백c(혹은 d)를 기대하고 있다. 흑5가 없으면 백b가 준엄하다.

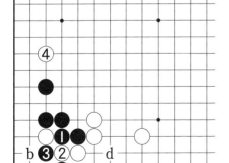

2도

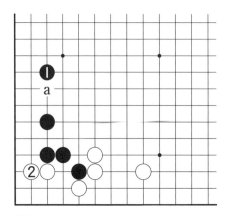

3도

3도(백2가 큰 수)

백이 a로 오는 것을 꺼려, 이 상황에서 아예 손을 빼어 흑1로 벌리는 것은 실속이 없다.

백2의 내려섬이 보기보다 어미어마하게 큰 수이기 때문이다.

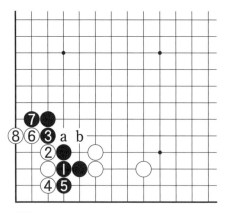

4도

4도(빈삼각의 경우)

흑1의 빈삼각은 강수. 백을 쉽게 살려주지 않겠다는 뜻이다. 하지만 백 2, 4에서 6으로 젖히고 8에 내려서면 만만치 않다.

만약 백a, 흑b의 축이 백에게 유리하다면 흑은 골치 아프다.

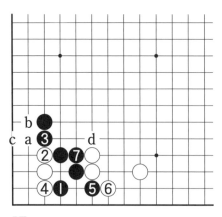

5도

5도(재미있는 수법)

이 경우 흑1의 마늘모가 재미있는 수법이다.

백2에 흑3으로 치받으면 백4에 막지 않을 수 없는데 그때 흑5로 젖히고 7이면 다음 백은 a, 흑b, 백c가 필연인데 흑d의 두점머리가 기분 좋다.

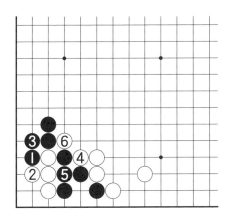

6도

6도(거꾸로 잡힌다)

앞 그림 7로 흑1, 3으로 젖혀이어서 귀의 백을 잡으러 가는 것은 무리한 수법이다.

백4, 6이 성립해 흑이 거꾸로 잡혀 버린다.

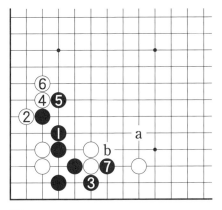

7도

7도(백, 나쁘지 않다)

5도 3으로 흑1에 늘면 백2의 붙임이 준비되어 있다.

흑3의 젖힘에 백4, 6은 기세. 흑도 7에 젖혀서 대가를 구하게 되지만, 백은 a로 비키고 흑b를 허용해도 나쁘지 않다.

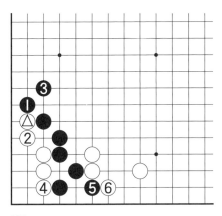

8도

8도(흑, 당한 결과)

백△에 대해 흑1로 받으면 백2에 끌고 4로 막아서 살게 된다.

흑5의 젖힘에는 백6으로 받아서 백은 아무 피해 없이 귀살이를 한 셈이다. 흑이 당한 결과이다.

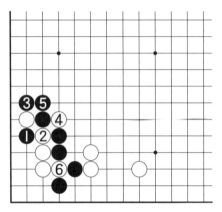

9도

9도(흑, 응수가 없다)

그렇다고 흑1로 안쪽을 젖혀나가는 것도 좋은 결과를 얻을 수 없다.

백2, 흑3에 백4로 끊고 6에 찝는 수가 날카롭다. 다음 흑은 응수할 만한 마땅한 수가 없다.

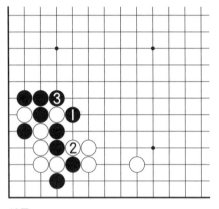

10도

10도(백, 성공적인 결과)

앞 그림에 이어, 흑1로 백 한점을 잡는 정도일 것이다.

백은 2로 끊어 적지 않은 실리를 얻은 만큼 성공적인 결과이다. 흑이 망했다고 해도 좋겠다. 흑1로~

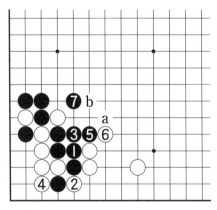

11도

11도(축이 유리해야만)

흑1로 잇는 것은 축이 흑에게 유리할 경우에만 가능하다.

그렇더라도 백은 못 둘 것이 없다. 백2에서 4로 잡아서 괜찮다. 흑7까지 된 다음 백a, 흑b는 백의 권리이다.

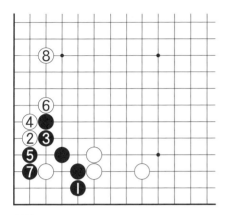

12도

12도(추천/ 내려섬)

흑1로 내려서는 수를 추천한다. 백
2에 흑3으로 누르고 백4에 흑5로
젖혀나가는 것은 실리를 중시한 수
법이다.

다음 백은 6에서 8로 벌리게 되
지만 양쪽이 좀 엷다.

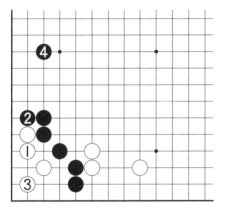

13도

13도(공격을 엿본다)

앞 그림 4로 백1에 끌면 흑2로 막
고 4에 벌려서 귀는 백에게 내주었
지만 나쁘지 않다.

흑은 장차 바깥쪽 백 석점을 공
격하는 수를 엿보고 있다.

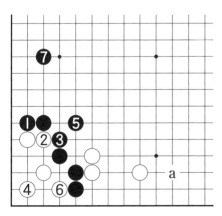

14도

14도(막는 수도 가능)

이 상황에서 흑1로 막는 수도 가능
하다. 백은 2로 올라서고 4에 마늘
모해 삶을 꾀할 수밖에 없다. 흑은
5로 호구치고 7에 벌린다.

배석에 따라 흑7로는 a에 공격하
는 수도 유력하다.

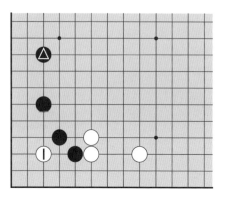

장면도

두칸벌림으로 강화된 경우

역시 백1의 3三침입인데, [7형]과는 흑▲의 두칸벌림이 있는 점이 다르다.

이 돌이 있는 만큼 흑이 좀 더 강화된 모습이라는 것을 인식하고 어떻게 응수할 것인지 결정해야 한다.

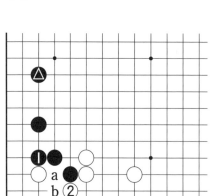

1도

1도(안일한 태도)

흑1로 물러서는 것은 안일한 태도이다. 백2의 젖힘 한방을 선수당하는 자체로 활용당한 셈이다.

흑은 다음 a든 b든 잘 했다고 볼 수 없다. 흑▲가 울고 있다.

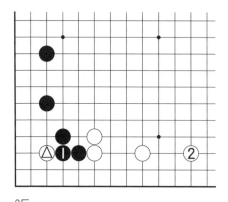

2도

2도(빈삼각은 부적합)

백▲에 대해 흑1의 빈삼각은 이 경우 적합하지 않다. 백은 귀를 놔두고 2로 벌려서 만족할 것이다.

요컨대 귀에 맛을 남겨둔 만큼 묘미가 있다는 생각이다.

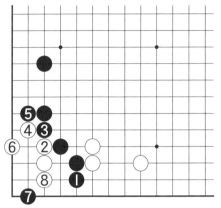

3도

3도(내려설 곳이지만)

흑1로 내려서는 것은 올바른 판단
이다.

　하지만 백이 2 이하 6으로 살자
고 했을 때 흑7로 즉각 잡으러 가
는 것은 무리수이다. 백8 다음~

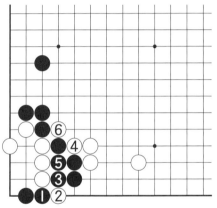

4도

4도(거꾸로 잡힌다)

내친걸음이라고 생각해 흑1, 3으로
강행하는 것은 파멸의 길로 간다.

　백4, 6의 통렬한 반격이 있어서
흑이 거꾸로 잡혀 버린다.

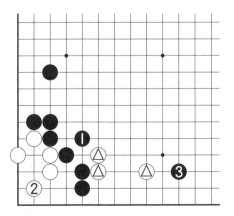

5도

5도(추천 1/ 살려주고 공격)

내려선 발상은 좋았지만 그 후가
문제였다. 흑은 백을 살려주는 것이
타당하다.

　이 상황에서 잡으러 가지 말고
흑1, 3으로 백△ 석점을 공격하는
것이 바람직하다.

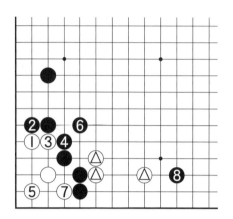

6도

6도(추천 2/ 대가를 구한다)

3도 2로 백1의 날일자로 오면 흑2로 일단 막는다. 백3에도 흑4로 막고 백5에 흑6으로 보강하고 8로 백△를 공격해서 대가를 구한다.

　백7은 사활에 관계되므로 절대수이다.

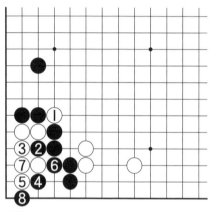

7도

7도(끊음은 무리)

앞 그림 5로 백1에 끊고 싶은 마음이 굴뚝같지만 당장은 무리이다.

　흑2에서 4, 그리고 자연스럽게 6에 몰고 8로 젖히면 백은 수상전을 벌일 엄두도 안 난다.

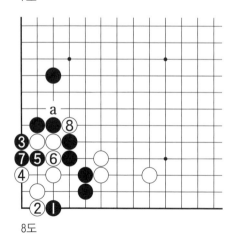

8도

8도(이번에는 흑의 무리)

6도 6으로 흑도 1, 3으로 잡으러 가는 것은 무리이다. 백은 4로 흑5, 7을 유도하고 나서 백8에 끊는다.

　이렇게 되면 백a에 젖히는 수가 있어 흑은 응수하기가 난처하다.

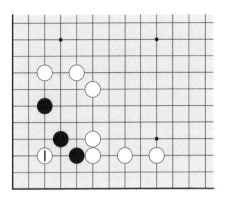

장면도

귀가 완전 포위된 경우

귀를 포위하고 있는 주변의 백이 어마어마하게 강력한 모습이다.

이럴 때 백1의 3三침입에 흑은 어떻게 대응하는 것이 좋을지 살펴본다.

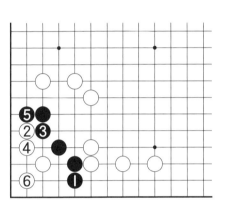

1도

1도(정말 무모하다)

이렇게 주변의 백이 강한데도 흑1로 차단하는 것은 정말 무모하다. 백2를 불러 흑의 운명은 풍전등화가 된다.

백이 5까지 귀에서 산 다음, 흑에게 살아날 길이 있을까?

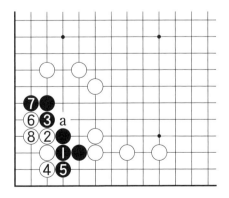

2도

2도(흑, 설상가상)

흑1의 빈삼각은 끈끈한 저항이지만 백2에서 4로 내려서고 6, 8에 젖혀 이으면 귀의 백은 수수가 많다.

흑의 전멸 위기! 더욱이 a의 단점도 있어 설상가상이다.

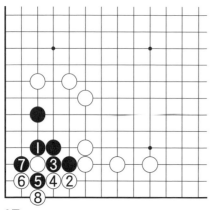

3도

3도(최선/ 물러서는 한수)

어쨌든 흑은 1로 물러서는 한수이다. 백2로 젖혀올 때 흑3, 5는 백6, 8로 근거를 빼앗겨 위험하다.

하긴 이 흑이 죽지는 않겠지만 조금 시달릴 것 같다.

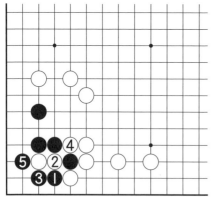

4도

4도(알뜰하게 살다?)

앞 그림 3으로는 흑1에 젖혀나가는 것이 합당하다. 백2에는 흑3으로 돌려치고 5로 건너서 알뜰하게 살 수 있다.

하지만 앞 그림이나 이 그림은 흑의 환상이다.

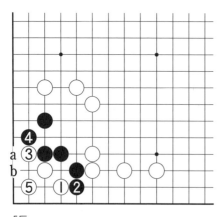

5도

5도(패로 버틴다)

이 상황에서 백은 1로 마늘모하고 3에 젖힌 다음 5로 호구쳐서 버티는 수가 있다.

다음 흑a에는 백b의 패로 받을 요량이다. 이 패에 지면 흑도 전멸이니 부담이 크다.

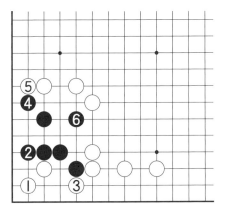

6도

6도(백의 무서운 수)

그런데 앞 그림 1로는 백1로 마늘 모하는 무서운 수가 있다.

흑2로 내려서면 백3으로 건너서 큰 성과이다.

흑도 4에서 6으로 두면 그럭저럭 살겠지만 체면이 말이 아니다.

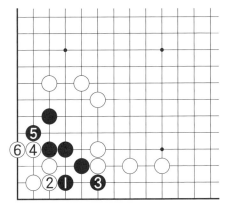

7도

7도(흑, 피곤)

앞 그림 2로는 흑1로 마늘모하는 수도 있다. 백2에 흑3이 불가피할 때 백4, 6으로 산 다음이 문제이다.

흑은 어떻게든 살 수는 있겠지만 여간 피곤하지 않다.

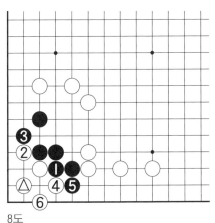

8도

8도(살 가망이 없다)

백△에 대해 흑1로 저항하는 것은 무리이다. 백2에서 4로 젖히고 6까 지 살아 버리면 흑이 살 차례인데, 매우 위험한 상황이 연출되었다. 흑 은 살 가망이 없어 보인다.

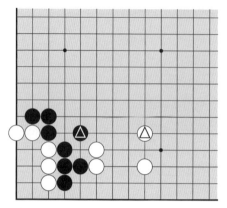

장면도

귀의 사활

앞서 나온 [7형]의 4도에서 흑❷와 백⑥를 덧붙였다.

　귀에서 백의 사활을 묻는다. 결론은 패인데 최선의 코스는 하나뿐이다.

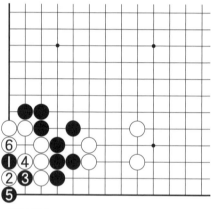

참고도 1

참고도 1(백이 따낼 차례의 패)

흑1로 치중하는 것도 급소의 하나이다.

　백2의 붙임으로 저항하며 6까지 패의 형태가 되는데, 이것은 백이 먼저 따낼 차례의 패이므로 미흡한 결과이다.

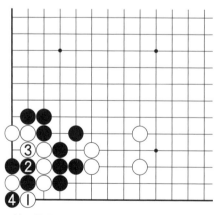

참고도 2

참고도 2(백의 잘못)

앞 그림 4로 백1쪽에서 단수하는 것은 잘못이다. 흑은 2로 잇고 백3에 흑4로 따내게 된다.

　이렇게 흑이 먼저 따내는 패가 된 것은 흑의 행운이다.

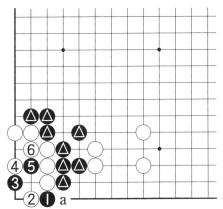

참고도 3

참고도 3(패이지만 미흡)

흑1로 하나 젖히고 3에 치중하는 것도 미흡하다. 백4, 6의 저항을 받아서 패.

흑이 따낼 차례이지만 백a로 따내는 팻감도 있고 실전이라면 흑▲ 전체가 공격당할 여지도 있다.

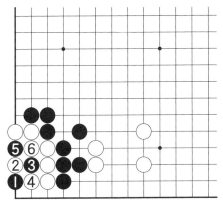

참고도 4

참고도 4(무조건 산다)

보통 급소 '2의 —'의 곳인 흑1로 치중하는 것이 그럴 듯해 보이지만 실은 가장 좋지 않은 결과가 나온다. 백2 이하 6이 좋은 응수여서 무조건 살아 버린다.

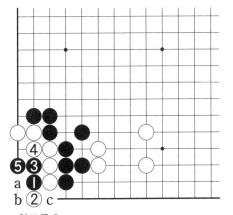

참고도 5

참고도 5(정해/ 흑 차례의 패)

흑1로 붙이는 것이 가장 좋은 공략법이다. 백2에는 흑3에서 5로 파호한다.

백a, 흑b로 패가 되는데, 흑이 패를 이겨 c로 따내면 후환도 없다. 이 코스가 최선이다.

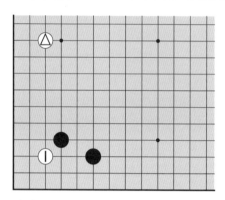

장면도

▓ 전략 테마

흑의 날일자굳힘을 상대로 한 백1
의 3三침입이다. 자, 흑은 어떻게
대응하는 것이 좋을까?

　위쪽에 놓여 있는 백△의 존재를
감안하지 않으면 안 된다.

1도(방향착오)

흑1쪽을 막는 것은 변의 백 한점을
너무 의식한 수법으로 방향착오의
성격이 짙다.

　백2에 흑3, 백4에 흑5로 이단 젖
히려는 뜻이겠지만 별로 신통치가
못하다.

1도

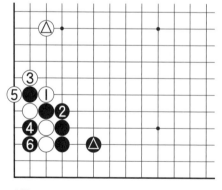

2도

2도(심한 중복형)

앞 그림에 이어, 백1 이하 5로 한점
을 잡고 흑은 6까지 귀를 접수하는
갈림이 되는데, 백△가 안성맞춤인
반면 흑▲는 심한 중복형으로 있으
나 마나한 돌에 불과하다.

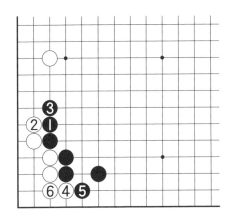

3도

3도(차라리 낫지만 미흡)

차라리 이단젖히지 말고 가만히 흑 1로 느는 편이 낫다.

백은 2를 선수하고 4, 6으로 젖혀이어서 살겠지만, 흑은 실속은 없어도 제법 두텁다. 그래도 미흡한 결과이다.

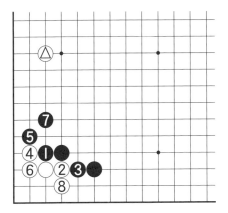

4도

4도(추천/ 흑, 충분)

흑은 단호하게 1쪽을 막을 곳이다. 백은 2 이하 6으로 살자고 하겠지만, 흑은 무리하지 않고 7로 호구쳐서 충분하다.

배석에 따라서는 다음 흑은 백△를 공격할 수도 있다.

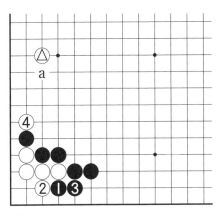

5도

5도(잡으러 가는 것은 실패)

앞 그림 7로 흑1, 3에 젖혀이어서 잡으러 가는 것은 백4의 껴붙임이 있어 실패로 돌아간다.

실전이라면 흑1 대신 a로 붙여 백△에 기대면서 귀의 백에 대해 겁줄 수도 있다.

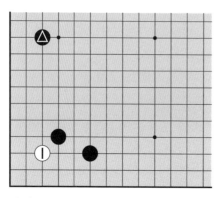

장면도

변에 지원군이 가세한 경우

역시 백1의 3三침입인데 [8형]과 다른 사항은 백이 놓여 있었던 변의 자리에 흑▲가 있다는 점이다.

그렇다면 흑도 강하게 나갈 수 있지 않을까?

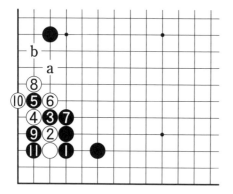

1도

1도(백, 기분 좋은 진행)

흑1로 응수하는 것은 돌의 강약이나 배석관계를 전혀 도외시한 행동이다.

백은 2 이하 10까지 기분 좋은 진행이다.

흑11 다음 백a든 b든 흑은 낙제점을 받을 수밖에 없다.

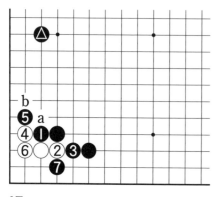

2도

2도(잡으러 간다)

흑1쪽을 막는 한수이다. 백2, 흑3 다음 앞서와 같이 백이 4, 6으로 젖혀잇는다면 흑7로 젖혀서 잡으러 간다.

백a에는 흑b로 늘어서 그만이다. 흑▲가 큰 도움이 되고 있다.

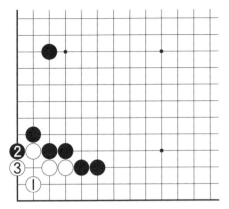

3도

3도(패가 쌍방 최선)

그냥 잡혀서는 얘기가 안 되므로, 앞 그림 6으로는 백1로 호구치는 것이 올바르다.

흑2에 백3의 패로 버티는 것이 쌍방 최선의 결과이다. 관건은 팻감에 달려 있다.

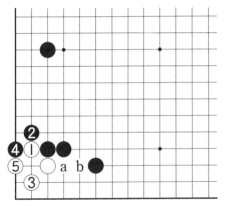

4도

4도(이런 패도 있다)

경우에 따라서는 백a, 흑b를 교환하지 않고 그냥 백3에 호구치는 수도 있다. 역시 흑4, 백5로 패가 불가피하다.

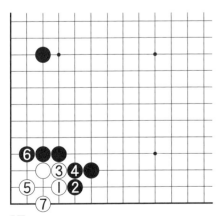

5도

5도(그냥 살고 싶다면)

귀에서 그냥 살고 싶다면 이 장면에서 백1로 마늘모하는 수가 있다.

흑2에 백3, 흑4를 교환하고 백5로 급소를 두면 된다. 백은 약간 옹색하지만 7까지 무사히 살았다.

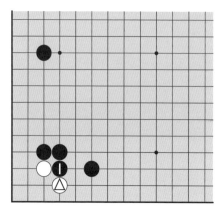

장면도

▨ 찝는 수의 변화

방금 나왔던 [유사형] 5도의 변화이다. 백이 △로 마늘모하자 흑은 1로 찝었다. 귀의 정리를 위한 상용수단이다.

이럴 때 백은 어떻게 처리하는 것이 좋을지 생각해보자.

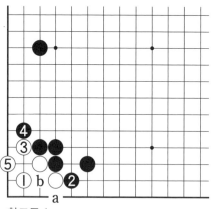

참고도 1

참고도 1(정해/ 호구침)

백1로 호구치는 것이 정수. 흑2에는 백3으로 젖히고 5(이 수는 손뺄 수도 있음)로 거뜬히 살 수 있다.

흑4는 a쪽에서 단수해 백b로 잇게 하고 둘 수도 있다. 그런데 흑2로는~

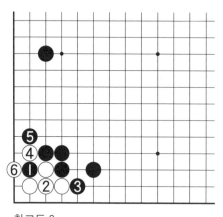

참고도 2

참고도 2(특별한 경우)

흑1로 하나 단수하고 3에 호구쳐 막는 수도 가능하다.

그러면 백은 무조건 4에 끊고 6으로 살아야 한다.

흑이 둔 수들은 특별한 경우에 쓰인다. 흑3으로~

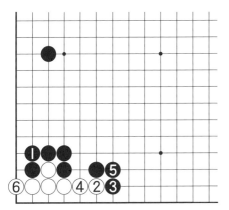

참고도 3

참고도 3(여유 있게 산다)

흑1에 잇는 수도 있지만 주변의 배석이 어떠냐가 관건이다.

백2의 붙임에 흑3으로 받고 5에 이을 수밖에 없다면 백은 6까지 보듯이 여유 있게 살 수 있다.

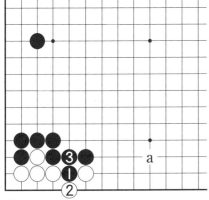

참고도 4

참고도 4(끼워이음)

앞 그림 3으로 흑1, 3에 끼워잇는 수가 성립한다면 큰일이다.

만약 a 근방에 흑돌이 있다면 귀의 백이 잡힐 우려가 생긴다. 그럴 때는~

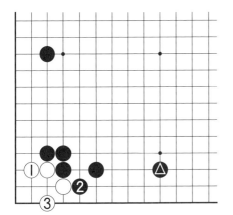

참고도 5

참고도 5(안전을 도모한다)

요컨대 흑▲가 있는 배석이라면 백은 위험을 감지해야 한다.

백1로 늘어서 안전을 도모하는 것이 최선이다. 흑2에는 백3으로 호구쳐서 살 수 있다.

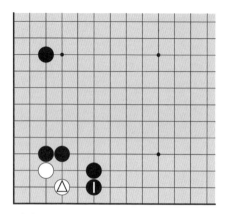

장면도

쌍점의 대응책

백△의 마늘모에 흑1의 쌍점으로 늘어선 것은 살기등등한 수법이다.

백은 아차 하다가는 봉변(?)을 당할 수도 있다. 어떻게 처리해야 할까?

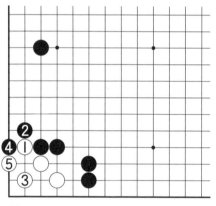

참고도 1

참고도 1(패가 최선)

백1로 젖히고 3으로 호구치는 것이 배워둘 만한 수법이다. 흑4의 단수에는 백5의 패로 버티는 것이 최선이다.

단, 이 패는 흑도 지면 피해가 크므로 상당한 부담이다.

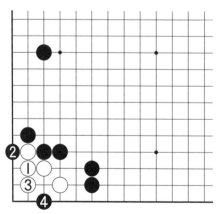

참고도 2

참고도 2(백의 방심)

앞 그림 3으로 백1에 잇는 것은 흑2, 4를 불러 사활에 걸린다.

흑은 바깥쪽에 흠집이 약간 있지만 이 백을 잡을 수는 있다. 백의 방심이었다.

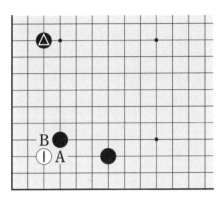

장면도

전략 테마

흑의 눈목자굳힘을 상대로 한 백1의 3三침입이다. 자, 흑은 어떻게 대응하는 것이 좋을까?

위쪽에 흑▲가 놓여 있다는 사실을 잊어서는 안 된다. 요컨대 흑은 A와 B 가운데 어느 쪽을 막을 것인지가 관건이다.

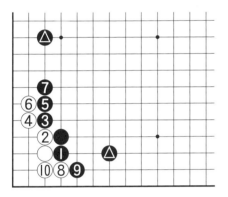

1도

1도(방향착오)

흑1쪽을 막는 것은 방향착오이다. 백은 2 이하 10까지 귀를 도려내면서 크게 살아 버린다.

이렇게 되면 위쪽 흑▲는 급하지 않은 곳에, 오른쪽 흑▲는 이상한 곳에 놓여 있는 모습이다.

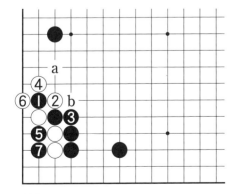

2도

2도(백, 만족스럽다)

앞 그림 5로 흑1에 이단젖히는 수도 바람직하지 못하다. 백은 2에서 6까지 흑 한점을 잡아서 만족스러운 모습이다.

흑7 다음 백a든 b든 흑이 당한 결과이다.

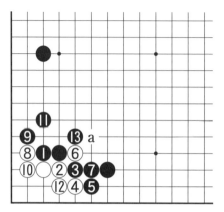

3도

3도(추천/ 올바른 방향)

흑1쪽을 막는 것이 올바른 방향이다. 백2에 흑3으로 젖히면 백4 이하 12까지는 필연적인 코스이다.

중복 같지만 흑13은 꼭 필요한 수로 a에 씌우는 것은 엉터리이다. 흑3으로는~

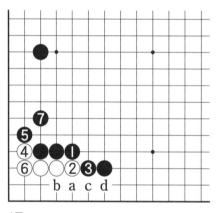

4도

4도(느는 수도 있다)

흑1에 느는 수도 생각할 수 있다. 백은 2, 흑3을 문답하고 백4, 6으로 젖혀잇는 것이 보통이다. 흑7까지 두터운 모습이다.

다음 흑a, 백b, 흑c 또는 d가 귀의 백에 대해 선수!

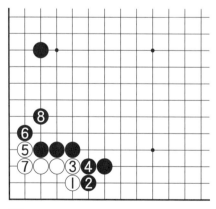

5도

5도(마늘모가 호수)

앞 그림 2로는 백1에 마늘모하는 것이 좋은 수법이다.

흑2에 백3, 흑4를 문답하고 백5, 7로 젖혀잇는다.

흑8까지 보듯이 백은 앞 그림보다 다소 나은 결과이다.

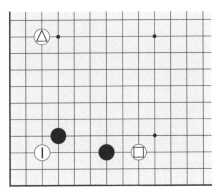

장면도

▨ 양쪽 변에서 귀를 노리는 경우

백이 [9형]과 다른 점은 위쪽의 변에 흑돌이 없는 대신 백◬가 있다는 것, 또 오른쪽의 변에 백▢로 육박해 있어 귀의 흑을 위협하고 있다는 것이다.

백1의 3三침입에 흑은 어떻게 대응하는 것이 좋을지 살펴본다.

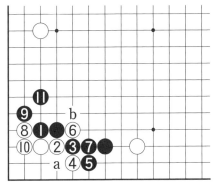

1도

1도(위험한 발상)

흑1쪽을 막는 것은 위험한 발상이다. 백2 이하 흑11까지는 앞서도 나왔던 진행.

다음 백a로 살고 흑b로 잡을 수 있다면 흑도 나쁘지 않다. 그러나 백은 이다음~

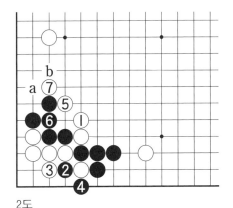

2도

2도(흑2, 4는 무리)

백1로 설 것이 분명하다. 여기서 흑2, 4로 귀의 백을 잡으러 가는 것은 무리이다.

백5를 선수하고 7에 젖히면 이 수상전은 흑이 안 된다. 흑a, 백b 다음 확인해 보기 바란다.

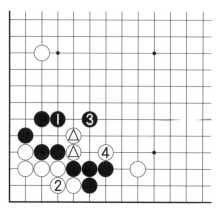

3도

3도(흑, 골치가 아프다)

그러므로 흑은 1로 응수할 수밖에 없는데, 흠집을 만들어 놓고 백2로 살아 버리면 분단된 흑은 골치가 아프다.

백△ 두점을 잡는 수가 없기 때문인데, 흑3의 씌움에는 백4의 맥점이 있다.

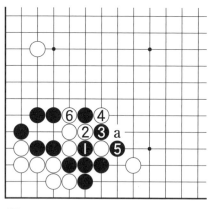

4도

4도(백, 싸울 만하다)

앞 그림에 이어, 흑1로 나가고 3에 끊는 것이 고작인데, 백도 4로 단수하고 6에 뚫고나가서 충분히 싸울 만하다.

백6은 먼저 a의 곳에 단수하고 나서 둘 수도 있다.

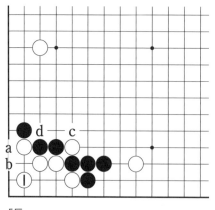

5도

5도(팻감이 관건)

또한 팻감이 관건이겠지만 백1로 호구치는 수도 있다. 요컨대 흑a면 백b의 패로 버티겠다는 뜻이다.

패가 겁난다고 흑c로 후퇴한다면 백d에 끊겨 흑은 손해가 이만저만 아니다.

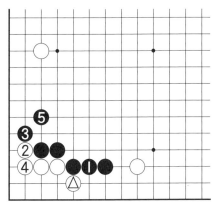

6도

6도(맥 빠진 수)

백△로 젖혔을 때 흑1로 이으면 무사하지만 이런 맥 빠진 수를 두어야 한다는 자체가 실패를 자인하는 셈이다.

이하 5까지 된 다음 이 흑 전체가 공격당할까 봐 걱정하지나 않을지 모른다.

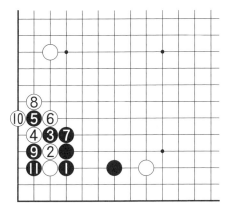

7도

7도(추천/ 올바른 방향)

흑1쪽을 막는 것이 올바르다. 흑돌이 약한 만큼 자중하는 것이 바람직한 장면이다.

백2에는 흑3, 5의 이단젖힘이 안성맞춤이다. 흑은 11까지 적지 않은 실리를 얻고 안정했다.

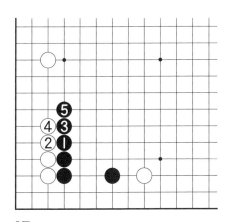

8도

8도(별책/ 대범한 수법)

앞 그림 3으로는 점잖게 흑1에 느는 수도 나쁘지 않다. 백2에는 흑3, 백4에는 흑5로 슬슬 느는 것이 요령이며 대범한 수법이다.

백은 계속 뒤따라 두기가 거북할 것이다.

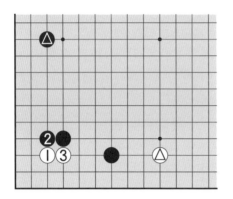

장면도

▨ 막고 나서의 처리법

오른쪽에는 백△가 놓여 있고 위쪽에는 흑▲가 자리 잡고 있다.

백1의 3三침입에 흑2쪽을 막은 것은 당연하다. 백3으로 밀어나올 때 흑은 어떤 식으로 처리하는 것이 좋을지 살펴본다.

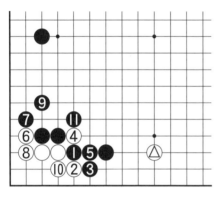

1도

1도(다소 중복형)

흑1로 젖히고 백2에 흑3으로 호구쳐 막으면 백4 이하 흑11까지가 필연적인 진행이다.

이러면 흑은 견고하지만 다소 중복형이다. 게다가 백△가 흑 세력을 견제하는 느낌이 든다.

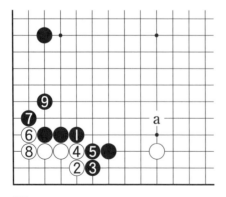

2도

2도(대동소이)

앞 그림 1로 흑1에 느는 수도 대동소이한 결과가 된다. 백2 이하 흑9까지는 낯익은 진행이다.

이것도 흑은 중복형이며, 백은 a로 뛰는 정도로 흑 세력을 제한하게 될 것이다.

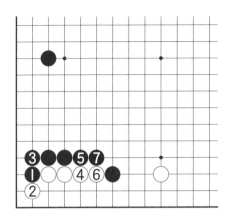

3도

3도(추천/ 젖혀이음)

흑1, 3으로 아래쪽을 젖혀잇는 것이 적합한 발상이다. 백4에는 흑5, 백6에는 흑7로 꽉꽉 틀어막는 것이 요령이다. 이다음~

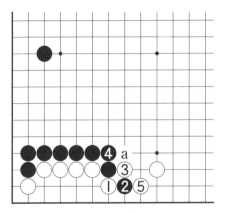

4도

4도(이단젖힘)

백1의 젖힘은 절대인데 거기서 흑2로 이단젖히는 것이 준비해 두었던 맥점이다. 백3, 5로 흑 한점을 잡은 것은 당연하다.

흑은 두텁게 세력을 쌓았으며 a의 선수활용도 남겨두었다.

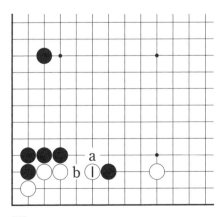

5도

5도(붙이는 맥점)

흑의 젖혀이음에 대해 백은 1로 붙이는 맥점을 구사할지도 모른다. 일종의 변화구인데, 축 관계가 있다.

다음 흑의 응수는 a와 b의 두 가지가 있다.

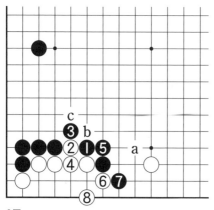

6도

6도(끼워이을 요량)

흑1이면 백은 2, 4로 끼워이을 요량이다. 흑5의 이음에 백6, 8로 살고 흑의 단점을 엿보겠다는 뜻이다.

이다음 흑은 a로 뛰는 정도일까. 백b의 끊음에는 흑c로 늘어서 싸울 수 있다.

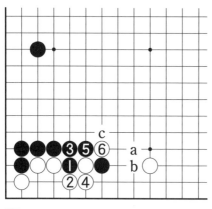

7도

7도(끼움이 강력하다)

흑은 축이 유리할 경우, 1로 끼우는 것이 강력하다. 백2, 4는 어쩔 수 없다. 흑5에 백6의 끊음이 있는 것이 그나마 위안이다.

흑은 a로 짚고 백b에 흑c로 몰아서 활용하게 될 것이다.

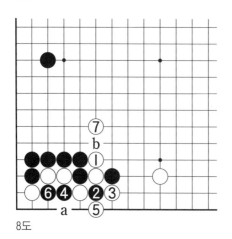

8도

8도(흑, 불만)

축이 유리하면 앞 그림 4로는 백1에 나간다. 흑2로 끊고 4, 6으로 귀를 접수하지만 백7로 뛰어 이것은 흑의 불만이다.

축이란 흑2로 4에 끊고 백6, 흑3, 백a, 흑b의 축을 가리킨다.

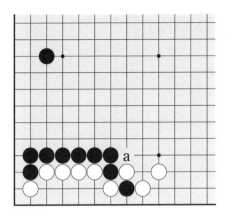

장면도

귀의 맛

[유사형 2] 4도의 결과를 옮겨온 그림이다. 흑은 이 백에 대해 a의 선수활용만 있는 것이 아니다.

경우에 따라서는 귀의 맛을 노릴 수도 있다. 그걸 생각해보자.

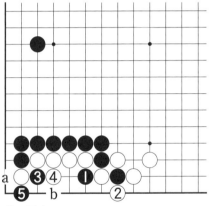

참고도 1

참고도 1(정해/ 멋진 수순)

흑1로 끊으면서 단수하고 백2를 기다려 흑3쪽을 끊는다. 백4로 잡을 때 흑5에 돌려치기까지가 멋진 수순이다.

다음 백이 a로 버티면 흑b로 백의 부담이 큰 단패가 되므로~

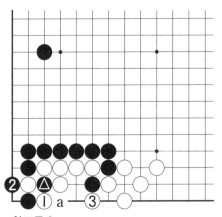

참고도 2

참고도 2(흑의 꽃놀이패)

백은 1로 따내는 것이 정수이다. 그러면 흑2로 건너는 것이 큰 수이다. 흑의 꽃놀이패인 만큼 백은 3으로 후퇴하는 것이 보통이다.

다음 흑이 ▲로 따내고 백은 a로 잇게 된다.

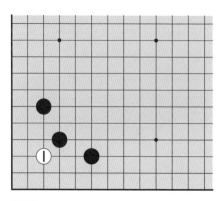

장면도

전략 테마

흑은 화점에서 두 개의 날일자굳힘을 한 형태로 이른바 양날일자로 귀를 지키고 있다.

여기서도 백1의 3三침입은 흑의 두통거리임이 분명하다. 자, 흑의 대응책은 무엇인지 살펴본다.

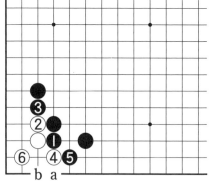

1도

1도(패는 실패)

흑1(2쪽을 막는 것도 마찬가지임)로 막고 백2, 4에 흑3, 5로 고분고분 응수하는 것은 백6을 불러 귀의 백에 탄력이 붙는다.

다음 흑a에는 백b의 패가 있다. 이렇게 패가 되어서는 흑의 실패!

2도

2도(추천/ 필살의 마늘모)

백△에 대해 흑1의 마늘모로 받는 것이 필살의 한수이다.

백2의 날일자로 달리고 흑3에 막을 때 백4에서 6으로 살자고 하는 것이 가장 강력한 저항이지만~

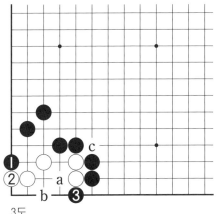

3도

3도(결정타)

흑1의 날일자로 백의 궁도를 좁혀 놓고 3의 젖힘이 결정타!

이로써 백은 안에서 사는 수가 없다. 백a면 흑b, 백b면 흑a로 그만이다. 단, 백c로 끊는 맛이 고약하기는 하다.

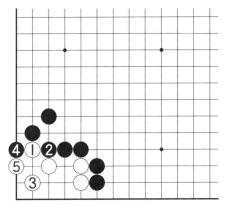

4도

4도(까다로운 수)

이 상황에서 백1의 마늘모붙임이 까다로운 수이다. 흑2면 백3, 5로 간단하게 패가 되므로 이것은 사건이다.

흑은 이 백을 무조건 잡고 싶은 것이다.

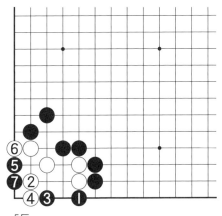

5도

5도(잡을 수는 있지만)

앞 그림 2로 흑1에 젖히는 것은 어떨까?

그러면 백2에 흑3으로 궁도를 좁혀 놓고 5에 치중해 잡을 수 있지만, 맛은 별로 좋지 않다.

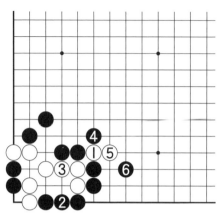

6도

6도(이음이 호수)

계속해서 백1에 끊어 오면 골치가 좀 아프다. 그러나 흑2의 이음이 후환을 없애는 호수.

백3에 이을 때 흑4로 단수하고 백5에 흑6으로 뛰어서 탈이 없다.

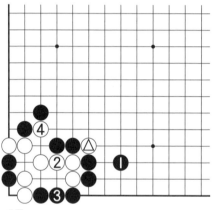

7도

7도(백, 단점을 파고들다)

백△ 때 행마랍시고 흑1에 뛰는 것은 위험하다.

백2가 선수로 들어서 흑3이 불가피하므로 백4로 흑의 단점을 파고드는 수가 성립한다. 흑은 좋은 수가 보이지 않는다.

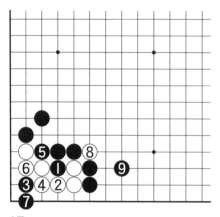

8도

8도(알기 쉬운 공략)

이 상황에서 흑은 무식하게 1로 찌르고 3에 치중하는 것이 알기 쉬운 공략법이다.

백4를 강요하고 흑5로 찝어서 7까지 백의 죽음이다. 백8의 끊음에는 흑9로 뛰어서 그만이다.

어느 쪽으로 막아야 할까?

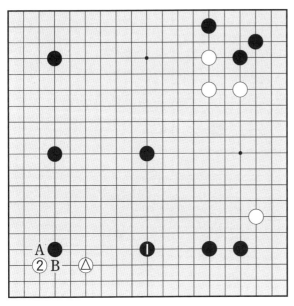

문제도

연습 테마

좌하귀에 주목하기 바란다. 백△의 날일자걸침에 흑1의 협공은 대범한 수법이다. 그러자 백은 2로 3三에 들어왔다.

자, 여기서 흑은 A와 B 중 어느 쪽을 막는 것이 올바를까?

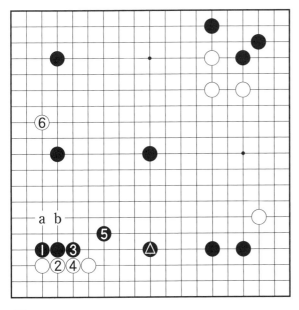

1도

1도(방향착오)

어느 쪽을 막거나 "그게 그거 아니냐"고 한다면 그것은 오산이다.

흑1쪽을 막는 것은 명백한 방향착오. 백2, 4로 건넌 실리도 크고 흑△도 어정쩡하다. 게다가 백6의 침공이 통렬하다.

또한 여전히 백a나 b의 성가신 수단도 남아 있다.

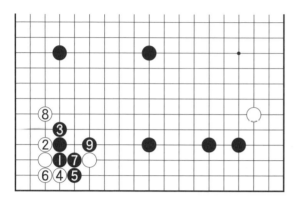

2도

2도(올바른 방향이지만)

흑1쪽을 막는 것이 올바른 방향이다.

백2에 흑3 이하 백8까지는 기본정석의 코스이기도 한데, 여기서 흑9로 백 한점을 제압한 것이 완착으로 흑은 잘 나가다가 샛길로 빠졌다.

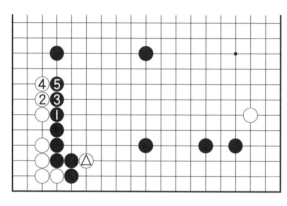

3도

3도(최선/ 호방한 구상)

앞 그림 9로는 단순해 보이지만 흑1로 눌러막는 것이 좋은 수법이다.

백2는 당연하며 흑은 3, 5로 밀어붙이는 것이 호방한 구상이다. 이러면 백△는 앉아서 잡힐 운명이다.

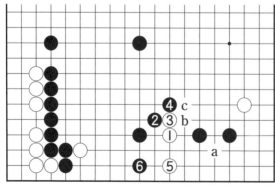

4도

4도(이후의 예상도)

계속해서 백은 흑의 방대한 세력을 부수기 위해 1로 뛰어드는 정도이다.

그러면 흑은 2에서 4로 공세를 취해서 좋다. 백5, 흑6 다음 백은 a나 b, c 등으로 타개하게 될 것이다.

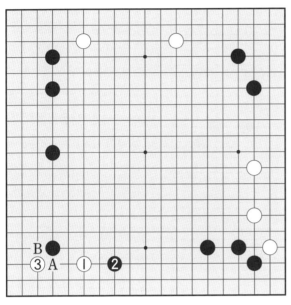

문제도

연습 테마

역시 좌하귀가 초점이
다. 백1의 날일자걸침에
흑2의 한칸협공은 이렇
게 두고 싶은 곳이다.

백은 3으로 3三에 침
입했는데, 여기서도 흑
은 갈림길에 선다.

A와 B 가운데 어디
가 좋을지 생각해보자.

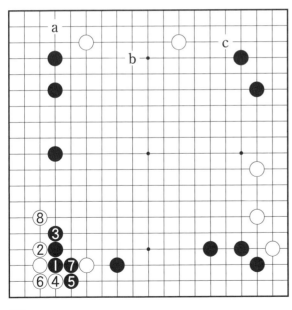

1도

1도(이상감각)

흑1쪽을 막는 것은 이
상감각으로 방향착오라
는 지탄을 면치 못한다.

하긴 부분적인 면에
서는 백2 이하 8까지의
기본정석 다음 흑a, 백
b, 흑c로 진행하는 정
도로도 흑이 못 둘 것은
없을 것이다.

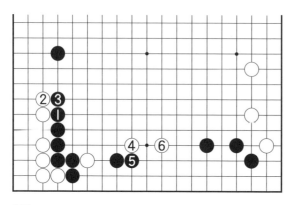

2도

2도(절호의 삭감)

하변의 세력을 확장한다면 앞서와 같이 흑1, 3으로 밀어붙여야 하는데 이제는 사정이 좀 다르다. 백4의 어깨짚음이 절호의 삭감! 6까지 이렇게 흑이 납작해져서는 흑의 작전에 의문표가 생기는 것이다.

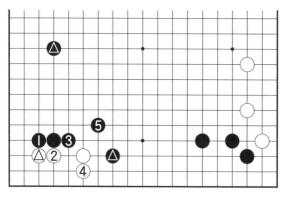

3도

3도(최선/ 상식적 막음)

백△에 대해 흑1쪽을 막는 것이 상식이자 최선이기도 하다. 백2에 흑3, 5는 기본정석의 하나.

이렇게 되면 흑△ 두점은 각자 필요한 곳에 모두 놓여 있는 셈이다. 흑의 멋진 구상!

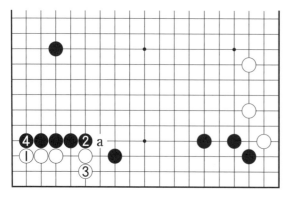

4도

4도(백의 변화)

앞 그림 4로는 백1에 내려서는 수도 가능하다. 그러면 흑2로 누르고 백3을 기다려 흑4로 막는 것이 기본정석이다. 앞 그림과는 일장일단. 이후 백은 a의 젖힘부터 흑 세력 삭감의 교두보로 삼게 된다.

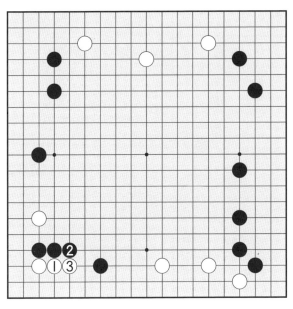

문제도

연습 테마

좌하귀에서 공방전이 벌어지고 있다.

흑의 눈목자굳힘에 백이 3三에 뛰어들어서 생긴 형태이다. 백1에 흑2로 늘자, 백은 3으로 또 따라붙었다.

여기서 흑은 어떻게 대응해야 할까?

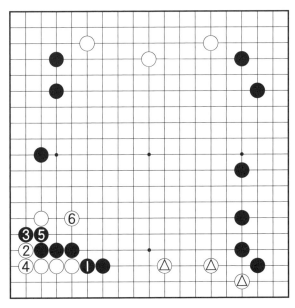

1도

1도(쓸 데 없는 세력)

흑1은 상식적이지만 이 경우 적합하지 않다. 백 2, 4의 젖혀이음은 당연하며 흑은 5로 잇기까지 얻은 세력을 쓸 데가 없기 때문이다.

백△ 석점은 견실한 자세이고 백6에 뛰면 좌하 흑이 자칫 공격당할지도 모른다.

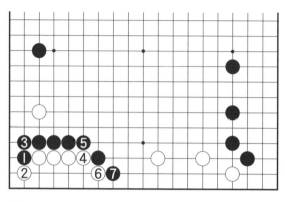

2도

2도(최선/ 젖혀이음)

흑1, 3의 젖혀이음이 이 상황에 부합되는 좋은 수법이다. 백은 4로 치받고 6에 젖혀갈 수밖에 없다.

여기서 또 흑7의 이단 젖힘이 적시타. 어디선가 얼마 전에 배운 수법일 것이다.

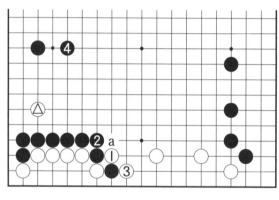

3도

3도(흑, 훌륭한 작전)

계속에서 백은 1, 3으로 흑 한점을 잡는 정도일 것이다.

그러면 흑은 a의 선수 활용을 남기고 4로 뛰어서 백△ 한점을 효과적으로 삼키자고 하는 것이 좋다. 흑의 작전이 훌륭했다.

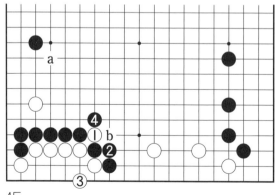

4도

4도(실리 상 손해이지만)

백은 앞 그림 1로 백1쪽을 끊어 단점을 남기고 3으로 살지도 모른다.

실리 상 손해이지만 흑 4 다음 백a의 어깨짚음으로 삭감하는 수나 b에 달아나는 축머리 등을 노릴 수 있다.

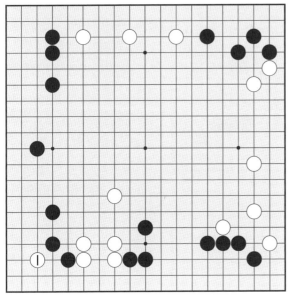

문제도

연습 테마

조금 복잡해 보이는 국면이다. 역시 좌하귀가 초점이다. 백1의 3三침입에 대한 흑의 응수를 묻고 있다.

오른쪽 백 다섯점이 강한 돌이냐 아니냐에 따라 대응방법이 달라질 것이다.

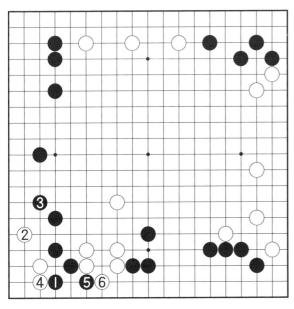

1도

1도(하수의 마늘모)

흑1은 이른바 하수의 마늘모라고 부르는 이도 저도 아닌 어정쩡한 대응이다. 공격도 아니고 수비도 아닌 이런 수로는 잘될 리가 없다.

백은 2, 4로 간단히 살아 버린다. 흑5에 백 6으로 받아 이쪽 백도 불안하지 않다.

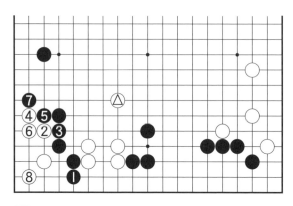

2도

2도(실효가 적다)

흑1의 내려섬은 본격적인 수법이지만 실효가 적다.

백은 바깥쪽에 나쁜 영향을 안주기 위헤 2로 들여다보고 4에 마늘모해서 얼른 살 것이다. 백△가 빛나 흑이 이 백을 공격하기란 어려울 것이다.

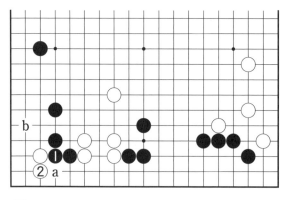

3도

3도(최선/ 빈삼각)

흑1의 빈삼각이 적합한 응수이다. 그냥 물러서지도 적극적이지도 않은 중용의 한수라고 할까. 백은 2로 내려서는 정도일 것이다. 여기서 흑a로 건넘을 방해하는 것은 백b를 불러 좋지 않으므로~

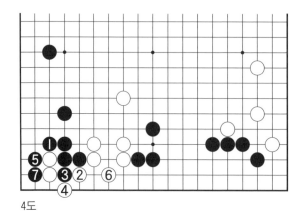

4도

4도(서로 만족하는 갈림)

흑1로 막게 된다. 백2의 건넘은 큰 수이며 흑은 3에 찌르고 5로 젖히는 것이 좋은 수순이다. 백6의 후퇴는 부득이하며 흑7로 일단락이다. 백은 완생했으며 흑도 귀를 지켜서 서로 만족하는 갈림이다.

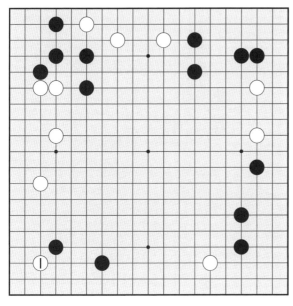

문제도

연습 테마

흑의 눈목자굳힘에 대해 백1로 3三에 뛰어들었다. 흑이 어떤 식으로 처리하느냐는 주변 돌의 강약에 달려있다.

좌변 백은 비교적 강한 모습이지만, 우하 백한점은 불안정하다. 그렇다면 흑은 어떻게 처리해야 할까?

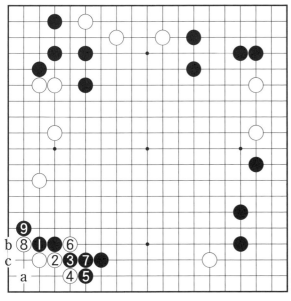

1도

1도(무모한 행동)

흑1쪽을 막는 것은 아무 생각 없는 무모한 행동이다.

백은 2에서 4, 그리고 6에 끊고 8로 젖힌다. 여기까지는 누가 둬도 이렇게 될 곳이다.

다음 백a, 흑b, 백c의 패는 백도 팻감이 마땅치 않으므로~

167

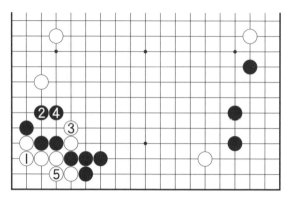

2도

2도(흑, 분단되다)

백1에 잇는 것이 정수일 것이다. 흑2에 백3으로 서는 것이 포인트. 흑4와 문답해 놓고 백5에 이어서 귀를 살아 둔다.

이렇게 되면 분단된 흑은 수습하기가 만만치 않을 것이다.

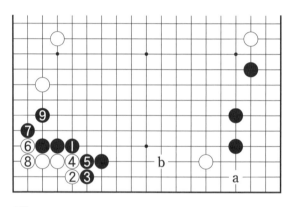

3도

3도(흑, 당한 결과)

1도 3으로 흑1에 느는 것이 그나마 낫다. 백2의 마늘모가 호수이며 흑3에 백4, 흑5를 교환하고 백6, 8로 젖혀이어 선수의 삶이다. 다음 백은 a나 b로 두어 충분한 진행이다. 역시 흑이 당한 결과이다.

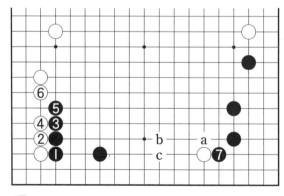

4도

4도(최선/ 공격 준비)

흑1쪽을 막는 것이 이 경우 적합하다. 백2에는 흑3, 백4에도 흑5로 슬슬 늘어 힘을 비축한다. 백6을 기다려 흑7의 마늘모붙임에 손을 돌린다.

다음 백a에 흑b 또는 c로 공격해서 호조!

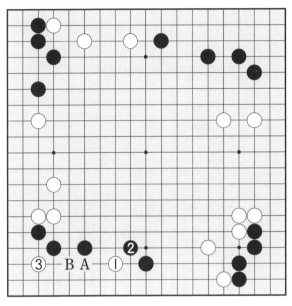

문제도

연습 테마

하변 백1의 침입에 흑2의 마늘모는 완강한 수법이다. 무난하게 둔다면 A에 늘어서서 귀를 지키는 것. 백3의 3三침입은 B로 들여다보는 것이 옳다.

어쨌든 여기서 흑은 어떻게 대응해야 할까?

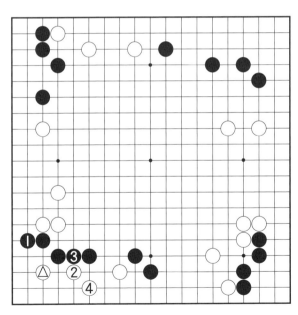

1도

1도(0점짜리 응수)

흑1로 내려서는 것은 0점짜리 응수이다.

백2, 4를 불러 귀도 몽땅 백에게 내줄 뿐 아니라 흑은 알거지 신세로 전락한다. 이렇게 되면 백△가 빛난다.

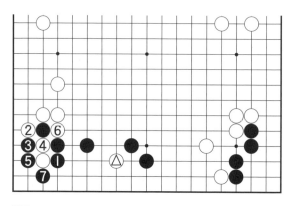

2도

2도(최선/ 깔끔한 정비)

흑1로 물러서는 것이 최선이다. 백2에 흑3으로 젖혀나가고 5, 7로 돌려치고 넘는 것이 가장 깔끔하다.

좌변 백이 비교적 견고하기에 이렇게 두어도 별로 아까울 것이 없다.

3도(웅크림은 나쁘다)

백△ 때 흑1로 웅크려 받는 것은 좋지 않다. 그것은 백2, 흑3을 교환하고 나서 백4로 붙이는 성가신 뒷맛이 남기 때문이다.

만일 흑a면 백b로 호구를 쳐서 탈출해 버린다.

3도

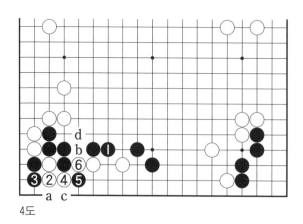

4도

4도(백의 기막힌 수단)

그러므로 흑1로 늘어서 탈출을 저지해야 하는데 백2로 살그머니 나오면 골치 아프다. 흑3에는 백4에서 6으로 끊는 기막힌 수단이 성립한다.

다음 흑a, 백b, 흑c, 백d의 돌파가 있다.

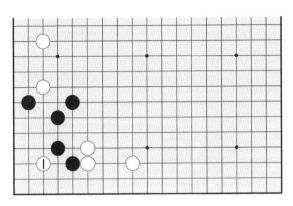

문제도

연습 테마
이번에는 부분적인 형태이다. 백1의 3三침입에 대해 흑은 차단해야 할까, 아니면 물러서서 넘겨주어야 할까?

귀의 사활과도 연관이 깊은 문제이다. 이를 감안해 생각해보자.

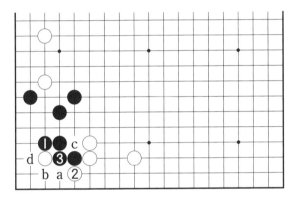

1도

1도(흑, 당함)
흑1로 후퇴하면 아무 탈이 없다. 그러나 백2의 한 방이 따끔하다.

흑3에 물러서서 일단락 되든, a의 곳에 젖히고 백3, 흑b, 백c, 흑d로 돌려치든 흑이 당한 것은 마찬가지다.

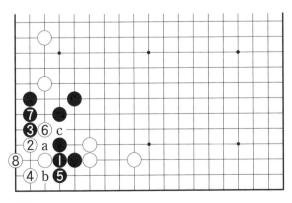

2도

2도(마늘모가 호수)
흑1의 빈삼각도 신통치 못하다. 백2의 마늘모가 호수. 흑3에 받을 때 백4 이하 8로 유유히 산다.

다음 흑a, 백b로 될 곳. 흑a 대신 b로 잡으러 가는 것은 백a에 c의 단점이 생겨 뜻대로 안 된다.

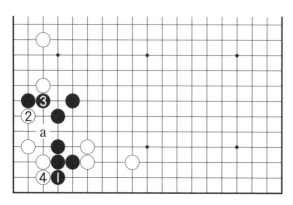

3도

3도(잡힐 궁도가 아니다)
앞 그림 3으로 흑1에 꼬부리는 것도 백2가 선수로 듣기 때문에 4까지 보듯이 백이 잡힐 궁도가 아니다. 더욱이 백a도 선수 아닌가.

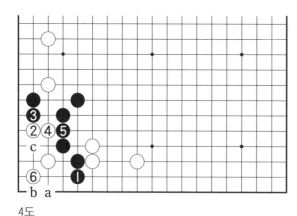

4도

4도(최선/ 내려서는 수)
뜻밖일지도 모르지만 흑1로 내려서는 것이 최강이자 최선의 한수였다. 백2, 4는 선수가 되지만 다음이 없다.
　백은 6으로 마늘모해서 살자고 하겠지만 흑a, 백b, 흑c로 살길이 없다.

5도

5도(백, 죽음만이 있다)
앞 그림 6은, 최대한 공간을 확보하는 백1이 최강의 저항이지만 흑2의 젖힘이 급소여서 잘 안 된다. 백3에 비틀어 보지만 흑4, 백5에는 흑6으로 정확하게 공략하면 백은 죽음만이 있을 뿐이다.

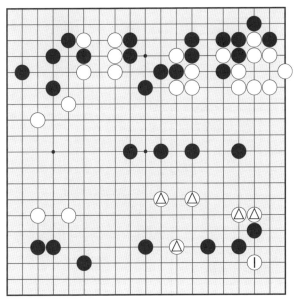

문제도

연습 테마

우하 방면의 배석에 주목하기 바란다.

백△ 다섯점은 귀의 흑을 포위하고 있는 양상이지만 어딘지 엷다. 그럼에도 백은 1로 3三에 들어왔다.

자, 흑은 어떤 방식으로 대응해야 할까?

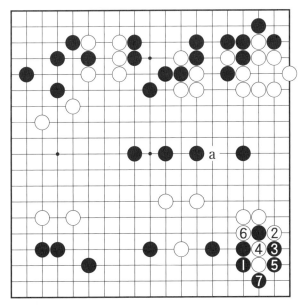

1도

1도(흑, 겁먹은 모습)

흑1로 물러서는 것은 겁먹은 모습이다. 백은 2로 젖히면서 미소를 지을 것이다.

흑3 이하 7로 귀는 안전해졌지만, 흑 한점을 빵따낸 백은 상당히 두터워졌으므로 백a로 붙인다든지 하면 사단이 날 것 같다.

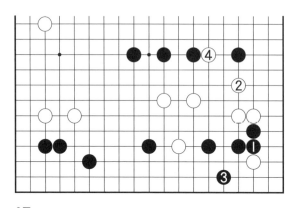

2도

2도(궁리한 수이지만)

흑1의 빈삼각은 꽤 궁리한 수이지만 백2로 뛰어 엷음을 보강하면 귀의 뒷맛이 꺼림칙한 흑은 3으로 지키는 정도일 것이다.

역시나 백4의 붙임을 불러 우변이 백에게 들어갈 공산이 크다.

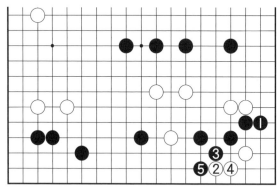

3도

3도(최선/ 과감한 차단)

과감하게 흑1로 내려서서 차단하는 것이 바람직한 자세이다. 백은 2의 날일자로 달려서 살겠지만 이것은 흑이 각오한 상태이다. 흑3이 좋은 응수이며 백4에 흑5로 막아서 삶을 강요하다.

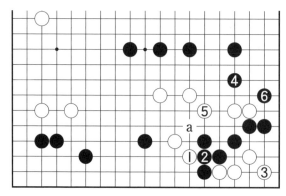

4도

4도(불안한 요소가 없다)

이어 백1로 선수하고 3에 마늘모해서 살아둘 때 흑4가 차단을 노린 호수이다. 백5의 연락에 흑6으로 건너면 불안한 요소를 없애면서 바깥 백을 공격할 수 있다. 다음 흑a로 째는 수가 눈에 들어온다.

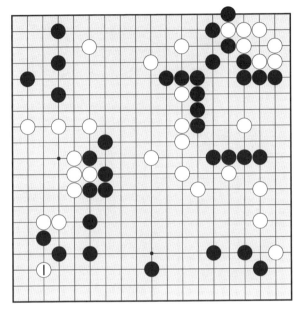

문제도

■ 연습 테마

흑이 압도적으로 유리
한 형세이다.

백1로 좌하귀 3三에
침입한 것은 추격의 실
마리를 찾으려는 의도
를 품고 있다.

여기서 흑은 강력하
게 나가느냐 아니면 물
러서는가 생각해보자.

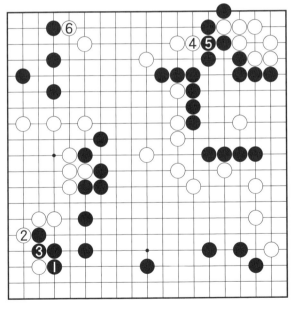

1도

1도(유리하지만 의문)

유리한 국면이지만 흑1
로 맥없이 후퇴하는 것
은 의문이다.

백2의 한방이 너무
아프다. 이 자체가 만만
치 않게 큰 끝내기. 백
은 손을 돌려 4에서 6
으로 상변을 정비하며
추격에 나설 것이다.

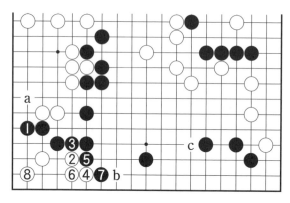

2도

2도(손실이 크다)
흑1로 내려서는 것은 강력한 수법이다. 하지만 백2 이하 8까지 귀를 빼앗긴 손실이 너무 크다. 대가로 얻은 흑a는 별게 없으며 백b의 껴붙임이나 c의 붙임을 노림당하는 것이 여간 성가시지 않다.

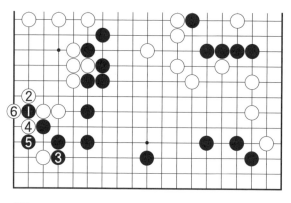

3도

3도(최선/ 임기응변)
흑1로 하나 젖혀 놓는 것이 임기응변의 한수이다. 백2로 받을 때 흑3으로 손을 돌려서 자중하는 것이 예정된 계획이었다. 백4의 끊음에는 흑5로 단수하고 손을 빼어 하변을 지키거나 상변을 공략한다.

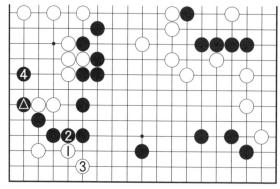

4도

4도(대가는 충분하다)
흑❹의 젖힘에 백은 외면할지도 모른다. 백1로 들여다보고 3으로 귀에서 살림을 차리는 것이 그것이다. 그러면 흑은 4로 뛰어들어 백진을 크게 부술 수 있으니 대가는 충분히 구할 수 있다.

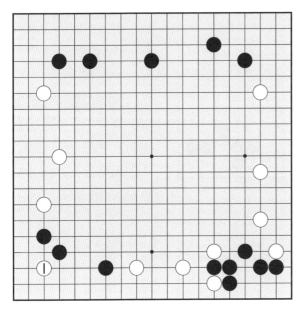

문제도

좌하귀의 흑은 화점에
서 눈목자굳힘, 거기에
마늘모가 추가된 교과
서적인 형태이다.

이에 대해 백1의 3三
침입도 상용수법의 하
나인데, 이런 배석에서
흑은 어떤 식으로 처리
하는 것이 좋을까?

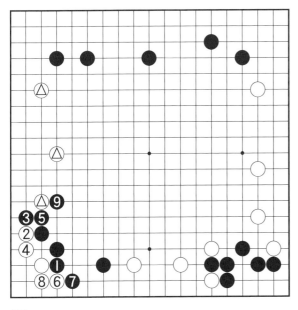

1도

1도(최선/ 막는 한수)
첫수는 누가 두더라도
빤하다. 흑1로 막는 한
수이며 백2에 붙였을 때
어떻게 두느냐가 중요
하다.

흑은 3으로 바깥쪽에
서 받고 백에게 귀를 내
주는 것이 최선이다. 이
하 9까지 되면 강한 듯
했던 백△들이 허약해
졌다.

177

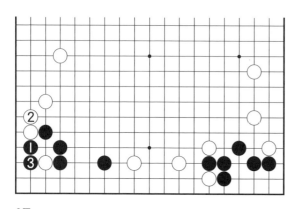

2도

2도(흑, 약간 소극적)

앞 그림 3으로 안쪽에서 흑1로 응수하는 것은 귀의 안전을 생각한 수법이다. 간명하지만 백2를 선수로 당한다는 점이 기분 나쁘다. 지금 상황이라면 약간 소극적이라는 지탄을 받을 것 같다.

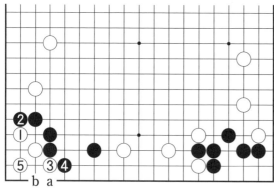

3도

3도(패로 버틴다?)

1도의 결과가 싫다면 백은 붙이지 않고 1에 마늘모하고 3에서 5로 변화를 구할지도 모른다. 흑a에 백b의 패로 버티자는 뜻.

팻감에 달려 있지만 이것은 흑도 부담스러우므로 4로는~

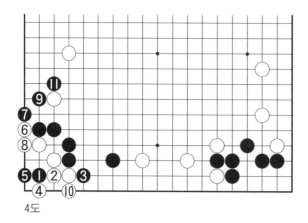

4도

4도(삶을 종용한다)

흑1로 치중해 백2를 강요하고 흑3에 막는 것이 좋은 수순이다. 그러면 백은 살기 위해서 4에서 6, 8로 젖혀잇지 않을 수 없다. 백은 10까지 살았지만 흑은 11로 젖혀 백에게 데미지를 주고 있다.

3

전략을 위한
부분전술과
응수타진

한판의 바둑에서 초기의 구상을 실현하려면 부분적 이해득실에 구애받지 않고 전체적 관점에서 전략을 짜야 한다.

　흔히 "부분적으로는 이득이지만 전체적으로는 손해를 봤다", "부분적으로는 손해이지만 전체적으로는 나쁘지 않다"는 말들을 한다. 그래서 전체적 구상을 부분적으로 해결해 나갈 때는 그런 점을 감안해 전략을 짜야 입체적인 바둑을 둘 수 있다. 상대의 응수를 타진하는 이유도 부분적 손해를 감수하더라도 바둑을 주도적으로 이끌어 가기 위한 방편이다.

　이 장에서는 정석 도중이나 이후에 볼 수 있는 장면에서 전략적으로 유리한 상황을 이끌어내는 수법들을 소개한다. 아울러 귀에서 상대의 응수를 살펴 목적을 달성하는 방법도 다룬다. 이어지는 8개의 연습은 복습을 겸해 실전의 응용력을 키우기 위한 내용이다.

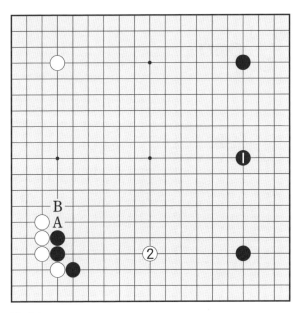

장면도

■ 전략 테마

흑은 양화점, 백은 화점
과 마주보는 소목으로
출발했다. 좌하귀에서
흑A, 백B면 큰 밀어붙
이기정석으로 간다.

그런가 싶은 순간 흑
은 1로 3연성을 폈다.
실은 유력한 포석법의
하나이다. 백2가 드문
수였다. 여기서 흑은 어
떻게 대처해야 할지 살
펴본다.

1도(백은 이것이 싫다)
이 상황에서는 백1로 살
그머니 내려서는 것이
정수로 알려져 있었다.

하지만 흑2가 좋은
곳이어서 백의 발걸음
이 느린 감이 있다. 백3
에 가를 때 흑은 4 이하
8로 ▲ 석점은 가볍게
버릴 것이다. 백은 이것
이 싫었던 것이다.

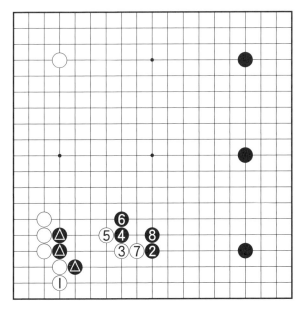

1도

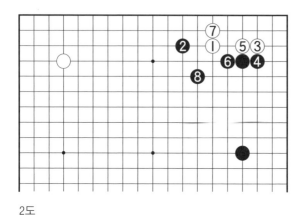

2도

2도(흑, 대모양 구체화)

앞 그림 3으로 우상귀를 백1로 걸치는 것은 어떨까? 그러면 흑2의 협공은 필연이고 백3의 3三침입에 흑4 이하 8까지의 정석이 완료되면, 이 결과는 흑의 대모양이 점점 구체화되고 있다.

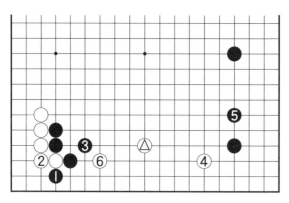

3도

3도(흑, 약간 무겁다)

백△에 대해 흑1로 단수하고 3에 호구치는 것은 약간 무거운 행마이다.

백은 4로 하나 걸쳐서 흑5로 응수하게 한 다음 백6으로 급소에 육박해 공격 나팔을 불 것이다.

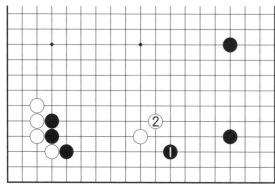

4도

4도(흑 모양이 퇴색한다)

우하귀에 흑1로 다가서는 것은 어떨까?

당장 좌하 흑 몇 점이 움직이기 전에 백의 동향을 살피려는 뜻을 품고 있다. 그러나 백2의 마늘모가 요소! 우변 흑 모양이 퇴색한다.

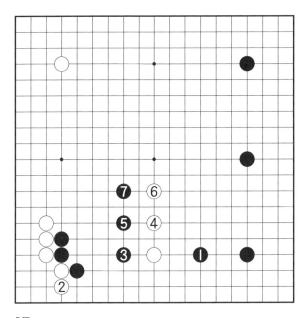

5도

5도(추천/ 두칸 압박)

흑1의 두칸으로 백 한 점을 압박하는 것이 재미있는 착상이다.

백은 마땅한 수가 없으므로 2로 내려서서 관망할 것이다. 그러면 흑 3이 또 안성맞춤이다. 백4에 흑5, 백6에는 흑 7로 같이 뛰어나간다.

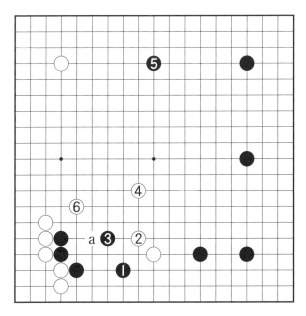

6도

6도(흑, 갑갑하다)

앞 그림 3으로 흑1에 낮게 가는 것은 백2의 마늘모를 불러 바람직하지 못하다.

흑3(또는 a)에 백4의 두칸으로 날아오르는 수가 경쾌하다. 흑5는 큰 곳이지만 백6의 날 일자를 당해 흑이 갑갑하다.

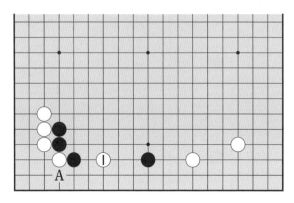

장면도

▨ 가른 수의 대처법

이 장면에서 백1로 가른
수는 조금 성급하다. 그냥
잠자코 백A에 내려섰다
면 오히려 흑은 응수하기
가 거북했을 것이다.

　여기서 흑의 대처법을
생각해보자.

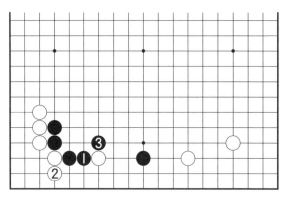

참고도 1

참고도 1(정해/ 치받음)

흑1로 치받는 것이 귀에
서 백의 단점을 엿본 좋
은 맥점이다.

　백은 2로 내려설 수밖
에 없으니 흑3으로 젖혀
서 간단하게 수습된 모습
이다.

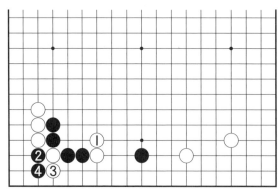

참고도 2

참고도 2(두점 잡고 안정)

앞 그림 2로 백1에 서는
것은 배석에 따라 둘 수
있는 수이지만, 흑2로 끊
는 수가 성립해 4까지 보
듯이 두점을 잡으며 쉽게
안정한다.

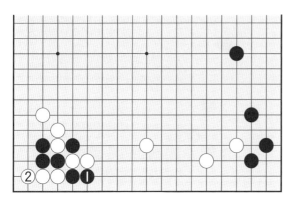

장면도

전략 테마

귀에서 접전이 벌어지고 있다. 언뜻 귀의 흑 석점이 위태로워 보인다.

흑1로 기어나간 것은 귀를 버리려는 뜻이며 백2는 절대의 한수이다. 여기서 흑의 후속수단은 무엇이 있는지 살펴본다.

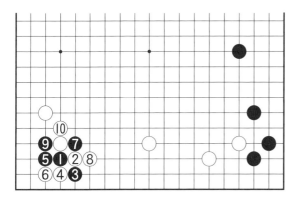

1도

1도(과정)

변의 화점에 백이 놓여 있는 상황에서, 백의 날일자 굳힘에 흑1로 붙이고 백2에 흑3으로 젖히는 것은 상용수법이다.

백4, 6은 귀를 중시한 강수이며 10까지는 필연적인 진행이었다.

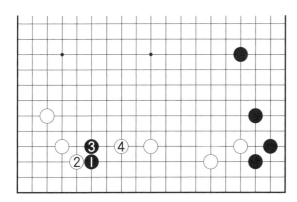

2도

2도(생각 없는 행동)

애초에 흑1로 걸치는 것은 백2의 마늘모붙임을 불러 흑이 무겁다.

흑3에 설 때 백4의 공격이 매섭다. 이것은 "공격 좀 하시오" 하는 것이나 다름없는 생각 없는 행동이다.

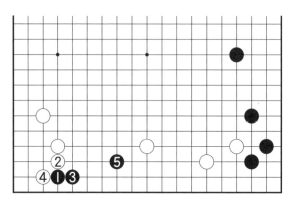

3도

3도(저공비행도 있다)

흑1로 저공비행하는 것도 빈도가 높은 수법이다. 백2의 치받음이 간명한 수법이며, 흑3으로 끌고 5에 벌려서 터를 마련하게 된다. 이 코스도 그리 심한 공격은 받지 않겠지만, 백2로는~

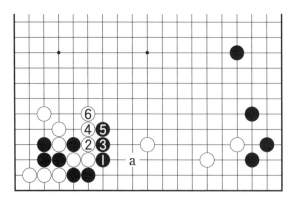

4도

4도(마늘모가 강력)

백1의 마늘모가 강력한 의미가 있다. 흑2, 4에는 백5로 단수하고 7에 호구치는 것이 완강한 태도이다. 흑8은 맥이지만 백9가 강수이다. 다음 흑a, 백b, 흑c, 백d로 흑 전체를 공략하려는 것이다.

5도

5도(묘미 없는 수법)

본론으로 들어간다. 흑1, 3에 단수하고 5로 밀고 올라가는 것은 묘미가 없는 수법이다.

백은 6에 늘어도 좋고, 이곳 한방을 흑에게 얻어맞을 각오를 하고 a에 마늘모할 수도 있다.

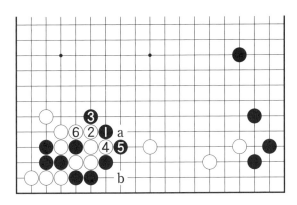

6도

6도(묘미 있는 수법)

앞 그림 3으로는 흑1에 씌우는 것이 묘미 있는 수법이다. 백2에는 흑3으로 머리를 두드린다. 그러면 백은 4로 나오고 6에 따내는 정도이다.

여기서 흑은 a와 b의 두 가지 선택이 있다.

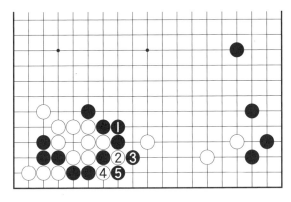

7도

7도(중앙을 중시하다)

흑1로 위쪽을 잇는 것은 중앙을 중시하는 수법이다. 백2의 끊음에는 흑3에서 5로 버려서 별 것이 없다는 생각이다.

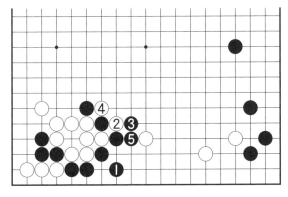

8도

8도(실리에 민감하다)

흑1로 양호구를 치는 것은 실리에 민감한 수법이다. 백2의 끊음에는 흑3, 5로 돌파할 수 있으므로 별 탈이 없다.

빠른 안정을 취하고 싶을 때 이렇게 둔다.

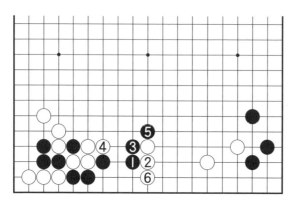

9도

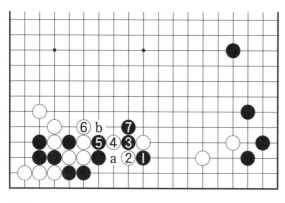

10도

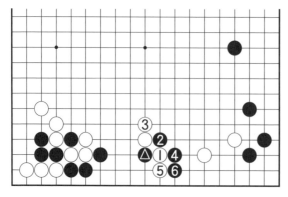

11도

9도(궁리한 수이지만)

흑1로 뛰는 것은 꽤 궁리한 수이지만 백2로 막히고 흑3에 밀 때 백4로 눌러 버리면 후속수가 시원치 않다. 흑5로 기분을 내봐도 백6의 내려섬이 냉정해 흑은 그리 멋진 결과는 아니다.

10도(추천/ 붙임이 맥점)

7도나 8도는 상식적인 코스. 이 상황에서는 흑1의 붙임이 활용을 함축한 맥점이다. 백2의 젖힘에는 흑3의 맞끊음!

백4에는 흑5, 7이 좋은 수순으로, 다음 백a에 흑b로 돌파한다.

11도(역시 맞끊는 요령)

흑▲의 붙임에 백1로 바깥쪽에서 젖혀도 역시 흑2로 맞끊는 것이 요령이다. 백3에는 흑4로 단수하고 6에 따라 막는 것이 강력한 수법이다. 계속해서~

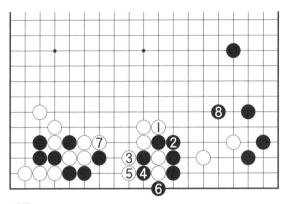

12도

12도(흑, 만족 이상 결과)

백은 1을 선수하고 3, 5 마저 선수해 타협할 수밖에 없을 것이다.

백7로 흑의 침투부대 는 전멸했지만, 그 대가로 흑은 8까지 우하 진영에 서 큰 이득을 봤으니 만 족 이상의 결과이다.

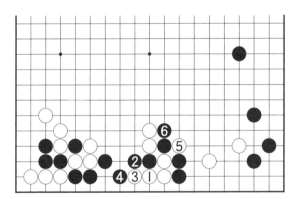

13도

13도(반발 수는 없나?)

그런데 백이 달리 반발하 는 수는 없었던 것일까?

앞 그림 1로 백1에 단 수하고 3으로 기어나간 다음 5로 끊는 수는 있다. 이다음~

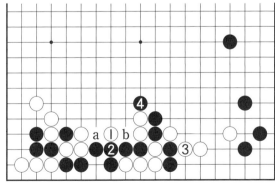

14도

14도(흑4의 젖힘이 통렬)

백1을 선수활용하고 3으 로 손을 돌려 흑 두점을 잡고 흑이 어떻게 나올지 지켜보고 싶지만, 흑4의 젖힘이 통렬해서 견디기 어렵다. 백은 흑a나 b 때 문에 응수할 방법이 없는 것이다.

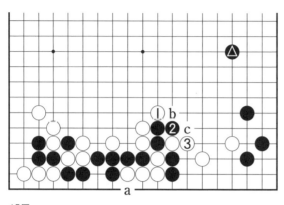

15도

15도(축 관계/ 백, 망함)

앞 그림 3으로 백1에 단수하고 3으로 느는 것은 축 관계가 있다.

다음 흑a에 백b(또는 c)의 축을 가리키는데, 이 배석에서는 흑△가 축머리에 놓여 있다. 그렇다면 백은 망했다.

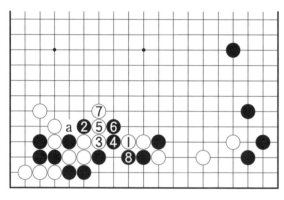

16도

16도(준비된 돌려치기)

흑의 맞끊음에 백1쪽을 늘면 흑2로 돌려치는 수가 준비되어 있다. 백3에는 흑4, 6으로 돌파하고 8로 건너서 멋진 모습이다. 그렇다고 백3으로 a에 따내면 흑3의 한방이 너무 아프다.

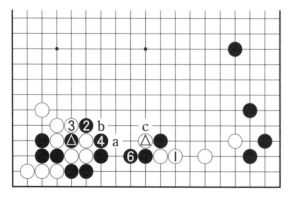

17도

⑤…△

17도(역시 돌려친다)

마지막 변화는 백1쪽을 느는 수이다. 이때도 흑2가 효과적이다. 백3에 흑4로 한방 올리고 6에 늘어서 깔끔하게 수습한다.

백3으로 4에 나가면 흑a, 백b, 흑c로 백△ 한점을 잡는다.

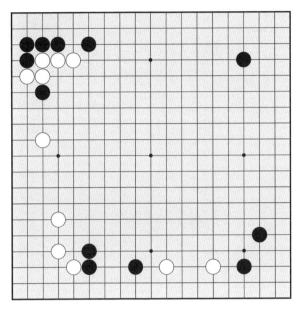

장면도

전략 테마

포석이 한창 진행 중이다. 방금 좌상귀의 정석이 완료되었다. 다음 백이 향할 곳은 좌상 쪽과 하변 쪽의 둘 중 어느 곳일까?

먼저 초점을 파악해야 뭘 하든지 말든지 할 것 아닌가.

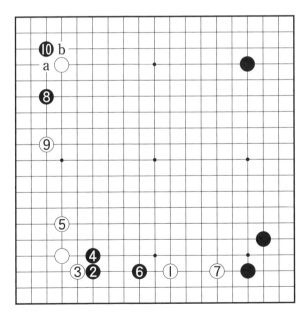

1도

1도(과정)

흑은 화점에 소목 날일자군힘, 백은 양화점으로 출발했다.

백1의 벌림 이하 7, 그리고 흑8의 걸침에 백9의 두칸협공, 거기서 흑10의 3三침입에 백a, 흑b 이하 정석이 이루어졌다.

191

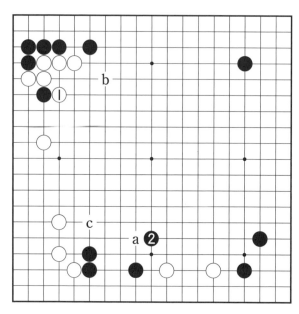

2도

2도(초점에 벗어나다)
백1은 별로 급하지 않는 곳으로 초점에 벗어나 있다. 흑2의 날일자가 국면의 주도권을 잡는 호점! 이 수는 온건하게 a에 뛰어도 좋다.

한편 백1로 b는 시기상조이며 c도 옳은 방향이 아니다.

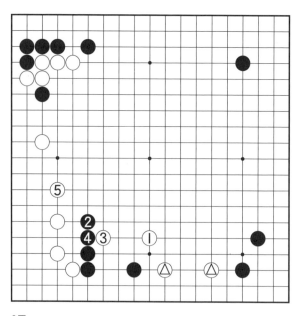

3도

3도(추천/ 날일자 공격)
백1이 이른바 공격의 날일자로 이 한수의 곳이다. 아울러 이 수는 백△ 두점의 안녕도 겸하고 있다.

흑2로 뛴다면 백은 3으로 하나 들여다보고 5에 뛰어서 호조의 흐름이다.

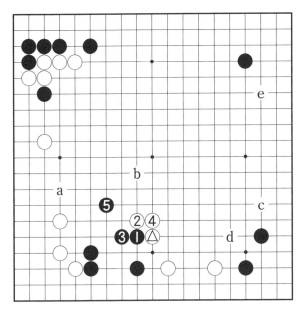

4도

4도(진출을 위한 붙임)

백△에 대해 흑1로 붙이는 수도 있다. 백2, 4를 기다려 흑5로 진출하자는 뜻이다.

다음 백은 a 이하 e 가운데 어느 곳으로 향해야 할까?

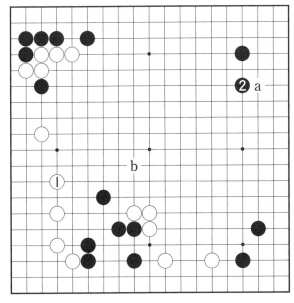

5도

5도(지키는 수에 불과)

백1로 뛰는 것은 집을 지키는 수에 불과한 완착이다. 요컨대 흑에 대한 영향력이 없다. 흑2의 굳힘이 좋은 곳이어서 백은 대세에 뒤질 우려가 생긴다.

흑2는 a의 날일자도 있으며, 한편 백1로 b에 뛰는 것은 너무 한가하다.

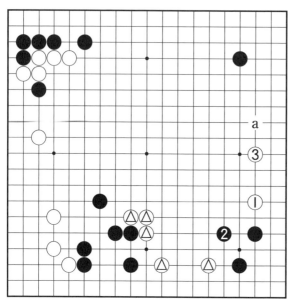

6도

6도(이곳저곳이 엷다)

백1로 육박해 흑의 날일자군힘을 압박하는 것이 적극적인 수법이지만, 이 경우는 흑2로 뛰게 해 세력이었던 백△ 일단이 엷어지는 흠이 있다.

흑a로 다가서면 이쪽 두점도 엷어 운신이 어려워진다.

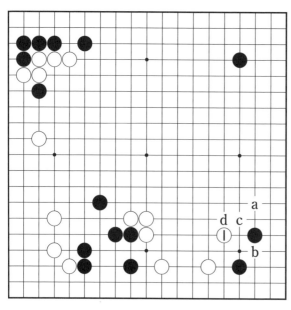

7도

7도(날일자가 호점)

백1의 날일자씌움이 절호의 한수이다. 백을 부풀게 하며 흑의 날일자군힘을 우그러뜨리고 있다.

다음 흑a로 한칸을 뛰어 받으면 백b의 건너붙임이 남으며, 흑a 대신 c의 마늘모면 백d로 밀어 버린다.

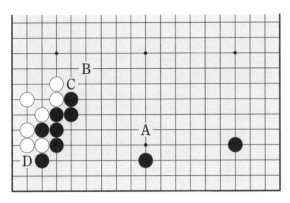

장면도

▨ 전략 테마

좌하귀에서 정석이 일단
락된 후 흑은 A의 한칸뜀
도 호점이고, B의 날일자
로 세력을 확장하는 수나
C에 미는 두터운 수도 있
다. 집으로만 따진다면 흑
D도 큰 수. 백은 그에 앞
서 흑진을 부수고 싶다.

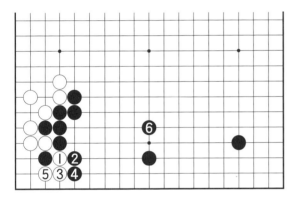

1도

1도(싹싹하게 버린다)

백1의 끊음은 침입이 여
의치 않을 때 쓰는 수법
이다. 흑은 2로 단수하고
4에 막아서 싹싹하게 한
점을 버리게 된다.

　백은 적지 않은 실리를
얻었지만 흑6이 호점이어
서 전략상 아쉽다.

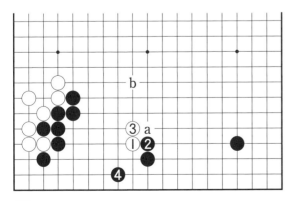

2도

2도(삭감이라면)

삭감이라는 전제가 있다
면 백1의 어깨짚음이 유
력하다. 흑은 반발하기 어
려우므로 2에 밀고 4로 날
일자하는 정도일 것이다.

　다음 백은 a에 꼬부리
거나 b에 뛰어 소기의 목
적은 달성했다.

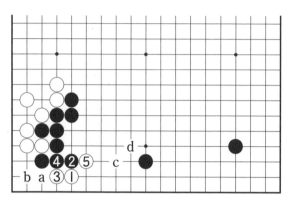

3도

3도(최선/ 침입의 급소)

백1로 흑의 단점을 엿보며 저공비행하는 것이 침입의 급소! 흑2에는 백3을 선수하고 5로 젖혀올린 다음 a로 밀거나 b의 건넘이 있어 안심이다.

흑2로 3이면 백2, 흑4 다음 백c 또는 d.

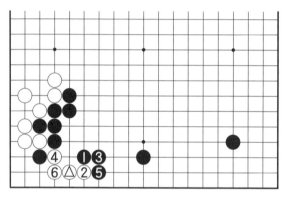

4도

4도(귀의 실리가 크다)

백△에 대해 흑이 1로 씌워서 양보한다면 백2로 하나 기어나간 다음 4에 끊어서 귀를 접수한다. 흑5에 백6이 좋은 응수여서 귀의 실리가 상당히 크다.

1도와 비교해 보면 천양지차!

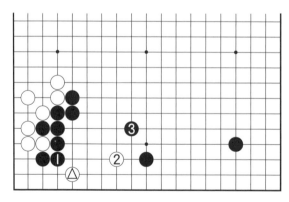

5도

5도(흑, 강력한 공격)

백△ 때 흑1로 꽉 잇는 것은 더 이상 선수활용을 당하지 않겠다는 완강한 의사 표시이다.

그러면 백은 2로 벌려서 좁지만 근거를 마련하게 되는데, 흑3의 날일자가 강력한 공격이다.

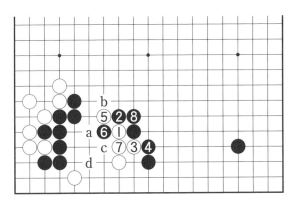

6도

6도(백, 위험하다)

앞 그림에 이어, 백1로 붙이고 흑2 때 백3으로 호구치는 것은 속수이다.

다음 백5로 젖히면 흑6에 하나 끊어 놓고 8로 이었을 때 응수가 난감하다. 백a는 흑b, 백c에 흑d가 통렬해 위험하다.

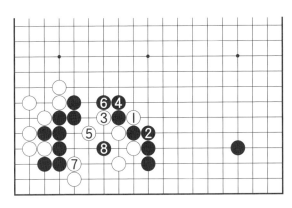

7도

7도(악수교환 때문에)

앞 그림 5로 백1, 3의 단수를 선수활용하고 5에 호구치면 탄력은 생기지만 악수교환 때문에 흑이 너무 두터워진다.

그뿐 아니라 백7로 살자고 할 때 흑8의 치중이 백을 또 괴롭게 한다.

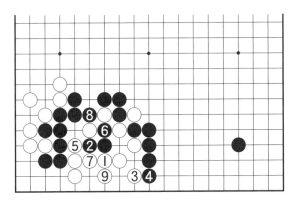

8도

8도(목숨을 구걸하다)

계속해서 백1로 받고 3에 마늘모하면 잡히지는 않는다.

그러나 백5, 7을 선수해야 하므로 바깥쪽 흑은 철옹성이 되어 버린다. 백은 9까지 살기는 했지만 목숨을 구걸한 셈이다.

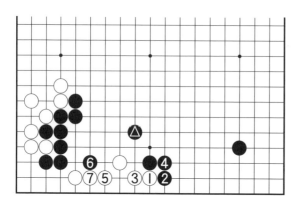

9도

9도(이렇게 살면?)

흑▲로 날일자한 시점으로 돌아가서 백1로 붙이는 것은 어떨까?

흑2로 받을 때 백3에 끌고 흑4로 이을 때 백5면 삶의 궁도이다. 이렇게 살면 괜찮은 것일까. 대답은 NO! 백3으로는~

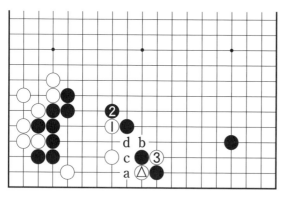

10도

10도(타개의 맥점)

백1에 붙여 흑2와 문답하고 나서 백3으로 맞끊는 것이 이럴 때 쓰는 타개의 맥점이자 수순이다.

다음 흑a로 백△ 한점을 잡을 수는 없다. 그러면 백b, 흑c, 백d가 안성맞춤이다.

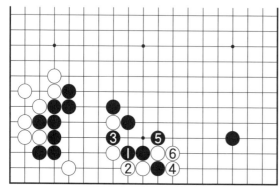

11도

11도(흑, 실속이 없다)

그렇다고 흑1로 치받는 것은 백2에 흑3도 두어야 하므로 두텁지만 실속이 없다. 백은 4까지 흑 한점을 잡아서 여간 편한 모습이 아니다. 흑5의 단수 한방 정도는 얻어맞아도 괜찮다.

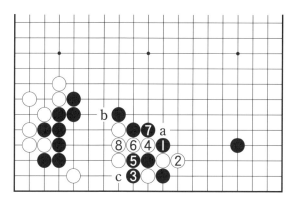

12도

12도(흑의 무리가 명백)

흑1로 단수하고 3에 잡는 것이 최강이지만 백4, 6의 반격을 불러 만만치가 않다.

8 다음 백이 a의 절단이나 b의 젖힘, 또 c의 단수 등을 보고 있는 만큼 흑의 무리가 명백하다.

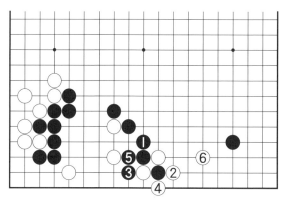

13도

13도(느는 것이 정수)

그러므로 흑은 이 상황에서 1쪽을 느는 것이 정수이다. 백은 2로 흑 한점을 잡고 6까지 안정하는 정도로 만족한다.

흑도 백 석점을 포획해 좌하 흑집이 커졌으므로 참을 만하다.

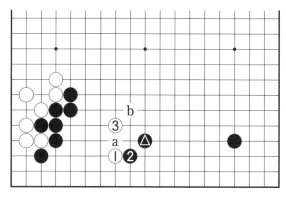

14도

14도(그냥 침입도 일책)

만약 흑▲로 돌이 높게 있는 경우라면, 백1로 그냥 침입하는 것도 일책이다.

흑2에는 백3으로 뛰는 것이 요령이다. 백3을 a로 서면 흑b의 날일자 공격이 준엄하다.

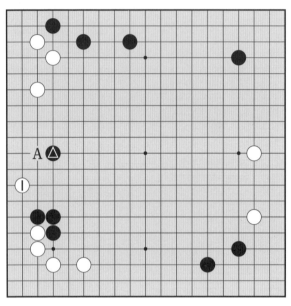

장면도

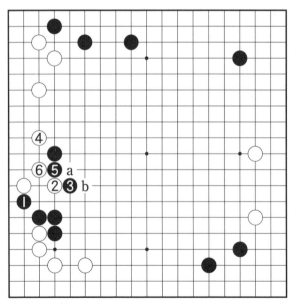

1도

■ 전략 테마

좌하귀의 형태는 소목
의 기본정석이다. 흑△
의 위치가 A가 아닌 점
에 주목하기 바란다.

그 허점을 틈탄 것이
백1의 2선 침투! 이 수
는 무슨 뜻일까? 이때
흑은 어떻게 대응해야
할지 생각해보자.

1도(껍데기만 남다)

흑1의 마늘모붙임은 흔
히 쓰는 응수이다. 백2
에 흑3 역시 정해진 수
법인데, 백4로 좌상 백
돌과 연락하고 보면 흑
은 껍데기만 남는다.

게다가 백으로부터 a
의 끊음이나 b의 껴붙
임을 노림 받고 있다.

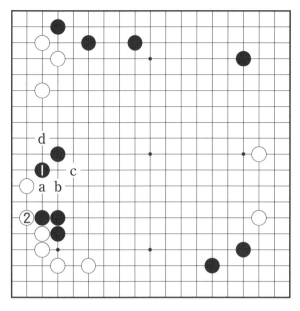

2도

2도(너무 싱거운 응수)

흑1의 마늘모도 족보에 있는 응수이지만 백2로 건너면 너무 싱겁다.

다음 백은 a로 하나 올라가 흑b로 받을 때 백c로 들여다봐 흑을 무겁게 만들 수도 있고, 그냥 d쪽에서 다가와 이득을 취할 수도 있다.

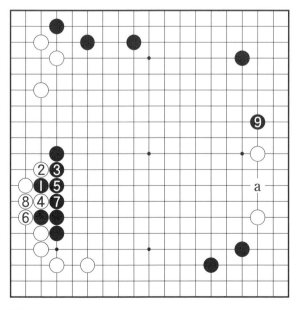

3도

3도(추천/ 붙임이 호수)

흑1의 붙임이 호수. 계속해서 백2로 젖히면 흑3에 받는다. 백은 4, 6으로 건널 수 있지만 흑7이 선수여서 철벽이 생기므로 득은 봤지만 얘기가 안 된다.

다음 흑9로 육박하거나 a에 뛰어들어 백의 고전이다.

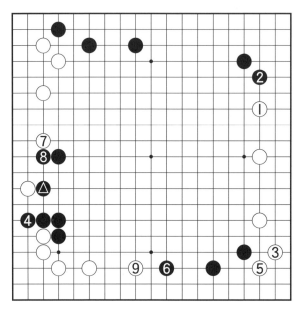

4도

4도(손 빼는 것이 적절)
따라서 백은 흑이 ▲로
받은 순간, 이곳에서 손
을 빼는 것이 바람직할
것이다.

백1 이하 9까지는 실
제로 실전의 진행이었
다. 이다음~

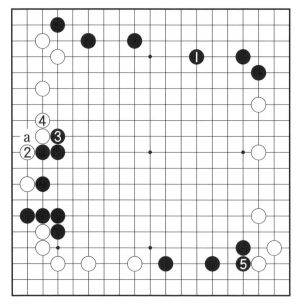

5도

5도(건넘이 크다)
흑1로 우상귀를 지켰는
데, 이 수는 좀 생각할
점이 있다. 백2로 건너
는 수가 너무나도 크기
때문이다.

그러므로 흑1은 a에
젖혀 두는 것이 좋았을
것이다.

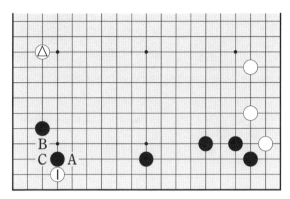

장면도

▨ 전략 테마

좌하에서 하변에 흑의 세력권이 형성되었다. 백△가 있는 상황에서 백1의 붙임은 응수를 묻는 기본수법이다. 흑의 응수에 따라 부수느냐 깎느냐를 결정하려는 뜻. 백1 대신 A ~C 등도 간혹 쓰인다.

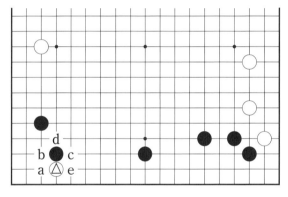

1도

1도(흑의 여러 응수)

백△의 응수타진에 대한 흑의 응수는 a의 안쪽 젖힘, b로 안쪽을 느는 수, c로 바깥쪽을 느는 수, d에 늘어서는 수, e의 바깥쪽 젖힘 등 다섯 가지가 있다.

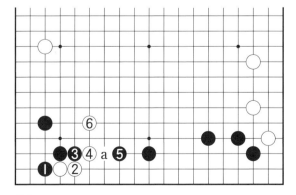

2도

2도(안쪽 젖힘)

흑1로 안쪽에서 젖히는 것은 귀를 중요시하는 응수이다. 백2로 끌어내고 흑3에 백4로 젖혀올리는 것은 다소 무거운 행마이다. 이때 흑5의 공격은 필연이다. 백6은 a로 치받는 수도 있다. 백2로는~

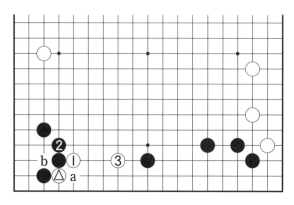

3도

3도(젖힘이 보통)

백1로 젖히는 것이 보통
이다. 흑2면 백3으로 두
칸을 벌려서 심한 공격은
받지 않을 것이다.

흑2로 a는 백2, 흑b로
진행되어 애초에 백△ 때
흑이 a로 받고 백1로 맞
끊은 것과 같아진다.

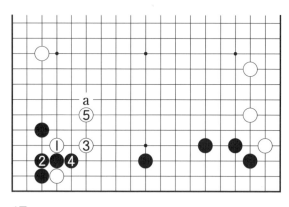

4도

4도(경쾌한 행마)

삭감이 주된 목적이라면,
앞 그림 1로는 백1로 껴
붙이는 것이 경묘한 맥점
이다.

흑은 2로 잇는 것이 정
수이며, 백3에서 5(또는
a)로 경쾌하게 뛰어나가
소기의 목적을 달성한다.

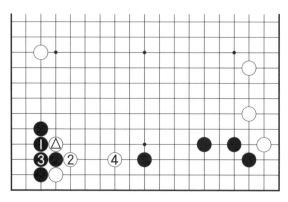

5도

5도(하수의 발상)

백△의 껴붙임에 흑1로
받는 것은 하수의 발상이
다. 백2의 한방이 너무도
따끔하다. 흑3에 잇지 않
을 수 없을 때 백이 4로
두칸을 벌리면, 이것은 3
도보다 백이 탄력적이다.

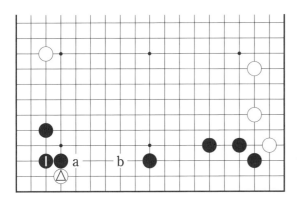

6도

6도(안쪽 늘기)

백△의 붙임에 흑1로 안쪽을 느는 것은 귀를 중시하면서도 백에게 활용의 여지를 주지 않겠다는 의사표시이다.

백은 여기서 a로 젖혀올리든가 b에 비키든가 두 가지의 선택이 있다.

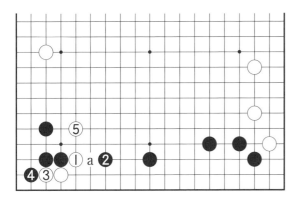

7도

7도(젖혀올림)

백1로 젖혀올리면 흑은 2로 협공하는 수가 필연적이다. 백3으로 하나 기어든 다음 5로 뛰어나는 것이 상식적인 행마이다.

백5는 앞서와 마찬가지로 a에 치받을 수도 있다. 흑4로~

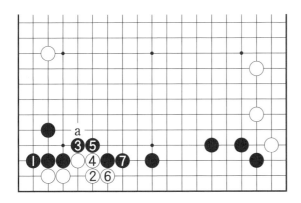

8도

8도(마늘모가 재미있다)

흑1에 늘어서 받는 수도 있다. 그러면 백은 2로 마늘모해 흑의 응수를 살피는 것이 재미있다.

흑3으로 봉쇄한다면 백4에서 6을 선수하고 손을 뺀다. 흑3으로 6에 막으면 백a.

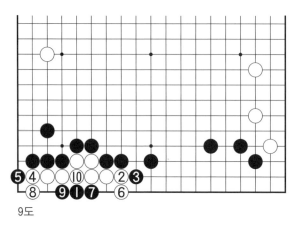

9도

9도(삶의 증명/ 빅)

앞 그림에서 백이 손을 빼도 살아 있음을 증명한다. 흑1의 치중이 급소이지만 백2, 4로 공간을 넓힌 다음 6과 8로 내려선다. 흑 7, 9는 각각 필요한 수. 백 10에 이르러 이 결과는 빅의 삶이다.

10도

10도(흑1, 느슨하다)

7도의 2로 귀쪽을 흑1로 꼬부려 막는 것은 느슨하다. 백은 2로 벌려서 3도에 비해 여유가 생긴다.

다음 흑a면 백b로 늘어서 좋다. 이것도 그리 심한 공격은 받지 않을 것이다.

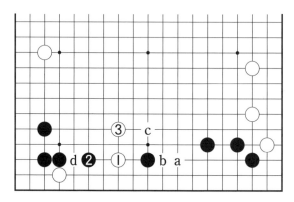

11도

11도(빨리 벗어난다)

백1은 흑의 사정권에서 빨리 벗어나려는 의도이다. 흑2에 백3으로 뛰는 것이 보통이며, 달리 둔다면 a에 뛰어들거나 b에 붙여서 변신할 수도 있다.

흑2로 c에 뛰면 백d로 젖혀올린다.

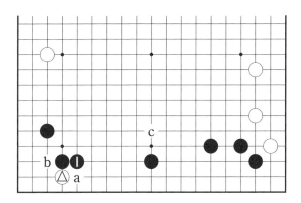

12도

12도(바깥쪽 늘기)

백△ 때 흑1로 바깥쪽을 느는 것은 세력을 중시한 응수이다. 백의 귀살이는 용인하겠다는 뜻이다.

백은 a로 기어나가든가 b에 젖히든가, 아니면 c의 모자로 먼저 흑의 응수를 살피든가 할 것이다.

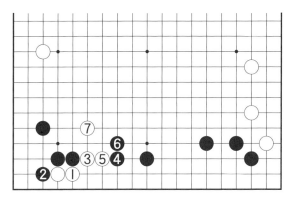

13도

13도(기어나감)

즉각 백1에 기어나갈 때 흑2로 받는 것은 새삼스럽지만 귀를 지키겠다는 의사표시이다.

백3의 젖혀올림에 흑4로 육박하면 백5로 치받고 7에 뛰어나가서 다소 무겁지만 위험은 없다.

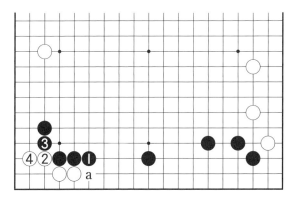

14도

14도(귀살이 강요)

앞 그림 2로 흑1에 곱게 느는 것은 백의 귀살이를 강요하는 수법이다.

백은 2로 젖히고 4에 늘어서 살게 된다. 이후 흑a로 꼬부려 막는 수가 귀에 대해 절대선수가 아닌 점이 백의 위안이다.

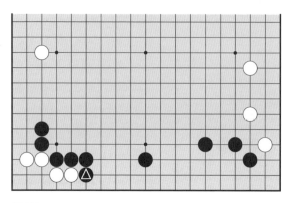

장면도

귀의 사활(1)

앞의 14도에서 옮겨온 그림이다.

흑❷의 막음이 절대선수가 아니라고 했는데 과연 그것이 무슨 뜻일까? 그러면 이 사활은 어떻게 되는 것인지 생각해보자.

참고도 1

참고도 1(젖히면 완생)

흑1로 젖히는 것은 백2로 호구쳐서 완생! 이하 6까지는 삶의 증명이다.

흑3으로 4의 곳에 치중하고 백a에 흑3으로 잇는 공략법이 있지만, 그래도 백이 살 수 있음을 각자 확인해보기 바란다.

참고도 2

참고도 2(정해/ 치중)

적의 급소는 나의 급소! 흑1로 치중해서 공략한다. 백2 이하 필연 수순을 거쳐서 11까지가 최선으로 흑이 한 수 늦은 패가 된다. 따라서 흑의 절대선수는 아닌 곳이었다.

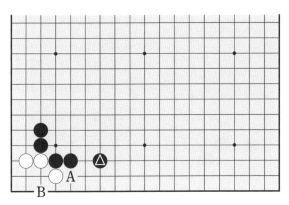

장면도

▨ 귀의 사활(2)

비슷하지만 약간 다른 형태로 흑▲가 놓여 있다. 이 장면에서 흑이 A로 막으면 백B로 호구쳐서 그만이다.

흑에게 다른 어떤 수가 있을까? 실은 이 백을 잡는 수는 없다.

참고도 1(양패)

흑1의 치중이 노림인데 백2는 경솔하다. 흑3～백10 다음 흑a, 백b, 흑c에 대해 백은 양패로 살아 있다. 그런데 만약 실전이라면 어디서 패가 났을 경우 양패 때문에 곤욕을 치를 수도 있다.

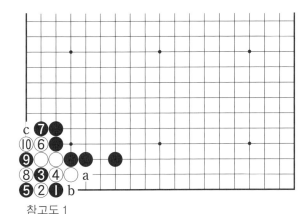

참고도 1

참고도 2(정해/ 그냥 삶)

흑▲의 치중에 대해 백1로 꼬부려서 응수하는 것이 침착하다. 흑2에는 백3으로 집어넣는 호수가 있어 7까지 보듯이 이 백은 무조건 살아 있다.

앞 그림처럼 양패로 살아야 할 이유는 없다.

참고도 2

209

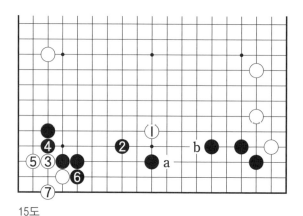

15도

15도(백의 모자씌움)

이 상황에서 백1로 모자를 씌워 흑의 응수를 살피는 것이 재미있다.

흑2면 a나 b의 수단을 남긴 채 백3으로 젖혀올리고 이하 7까지 살아 두는 것이 정교한 수순이다.

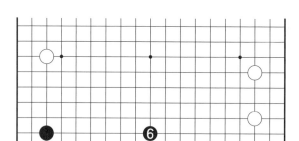

16도

16도(소탐대실의 결과)

모자를 생략하고 백1 이하로 당장 살아 버리는 것은 소탐대실의 결과를 부른다.

흑은 느긋하게 6으로 한칸을 뛰어 하변 흑진을 키울 것이다. 백은 생각이 좀 부족했다.

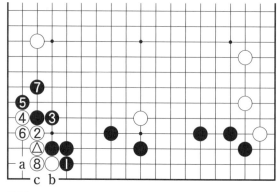

17도

17도(먼저 막으면)

백△로 젖혀올렸을 때 흑 1쪽을 먼저 막으면 백은 2로 치받게 되며 그냥 살려면 4, 6의 젖혀이음을 선수해야 한다.

백이 팻감이 많다면 4로 a에 호구치고 흑b, 백c의 패도 유력하다.

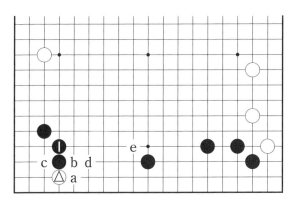

18도

18도(위로 늘어섬)

이상하게 보일지도 모르지만 백△에 대해 흑1로 위쪽에 늘어서는 것도 있다. 백의 운신의 폭을 좁히는 의미가 있다.

다음 백은 대략 a 이하 e까지 다섯 가지의 선택이 있다.

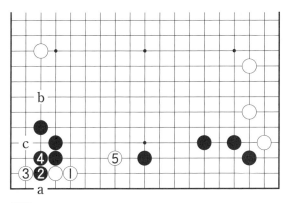

19도

19도(응수를 묻고 벌림)

백1로 끌어내면 흑2로 막는다. 백은 3에 하나 껴붙여서 응수를 묻고 5로 벌리는 것이 수순이다.

흑4로는 a에 내려서고 싶지만 백b에 다가오면 c의 치중이 생기므로 잇는 것이 정수이다.

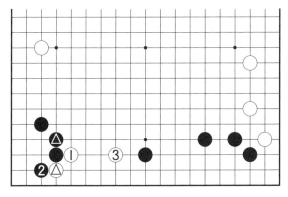

20도

20도(3도와 같은 결과)

그냥 백1로 젖히는 수도 있다. 역시 흑2로 막을 테고 백은 3에 벌리게 된다.

이것은 애초에 백이 △로 붙였을 때 흑2로 받고 백1에 젖히자 흑이 ●로 는 것과 다름없는 결과가 되었다(3도 참조).

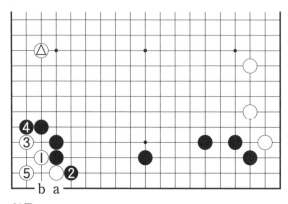

21도

21도(패의 형태)

백1로 안쪽에서 젖히는 것은 흑2로 막혀서 조금 답답하다.

다행히 백△라는 원군이 있어 백3의 마늘모가 선수가 되는 바람에 5로 틀을 갖출 수는 있다. 다음 흑a에 백b로 패.

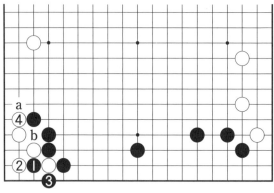

22도

22도(잘라먹음이 크다)

흑은 패가 싫을 경우, 백이 마늘모했을 때 막지 않고 흑1, 3으로 한점을 잘라먹을 수도 있다. 현실적으로 큰 수!

백도 4 다음 흑a에 막아도 백b가 선수여서 사는 데는 지장이 없다.

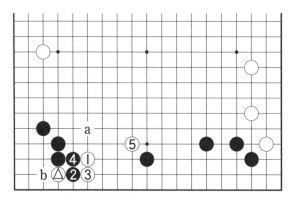

23도

23도(슬쩍 비키는 수)

백1로 슬쩍 비키는 수도 있다. 백△ 한점을 가볍게 보고 활용하자는 뜻이다. 흑2에 백3을 선수하고 5로 어깨를 짚어가는 진행이 예상된다.

흑4는 b도 있고, 백5는 a에 뛰는 수도 가능하다.

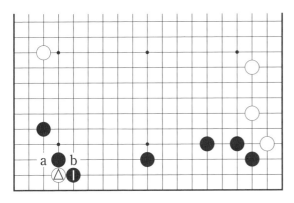

24도

24도(바깥쪽 젖힘)

백△의 붙임에 흑1로 바깥쪽을 젖히는 것은 세력을 중시하는 수법이다.

다음 백은 a로 안쪽을 젖히는 수와 b로 맞끊는 수 가운데 하나를 선택하게 될 것이다.

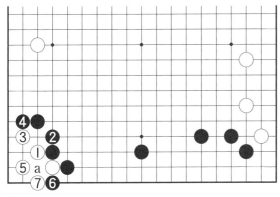

25도

25도(21도와 같아진다)

백1로 안쪽을 젖히는 것은 그 후의 진행이 단순하다. 흑2는 당연하며 백3으로 마늘모하고 5로 틀을 갖추면 이것은 21도와 같아진다.

여기서도 흑은 4 대신 a로 끊어잡을 수도 있다.

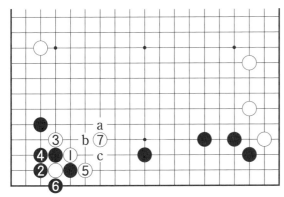

26도

26도(맞끊음 이후)

본격적인 변화는 백1의 맞끊음에서 비롯된다. 흑2는 가장 대표적인 응수이다. 백3, 5를 선수활용하고 7(또는 a)로 정비하는 것이 경묘하다. 백7 대신 b로 호구치는 것은 흑c를 불러 무거워진다.

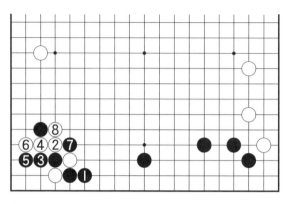

27도

27도(특수한 수법)
백의 맞끊음에 대해 흑1로 느는 것은 특수한 경우에 쓰는 수법이다. 요컨대 백에게 2 이하 6으로 뚫리더라도 별로 아프지 않거나 둘 만하거나 할 때이다. 지금은 8까지 백이 너무 멋지다.

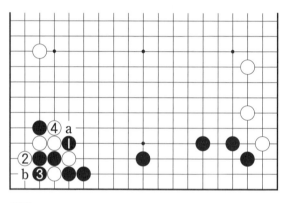

28도

28도(묘미 있는 수순)
앞 그림 5로 흑1에 끊으면 백은 2로 하나 단수하고 4에 꼬부리는 것이 좋다. a의 단수, b의 단수를 결정하지 않는 것이 묘미 있다.

　어쨌든 앞 그림과 대동소이한 결과이다.

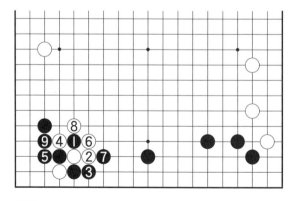

29도

29도(강력한 수법)
백의 맞끊음에 흑1로 단수하고 3으로 따라가는 것이 강력한 수법이다.

　백은 4, 6으로 대응하는 정도이다. 흑7, 9로 일단락인데 한점을 따낸 백이 비록 두텁지만 곤마가 될 가능성도 있다.

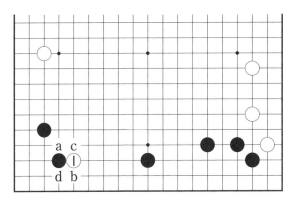

30도

30도(백의 바깥쪽 붙임)

흑의 날일자굳힘을 상대로 백1로 바깥쪽에서 붙여가는 변화.

흑은 a를 비롯해 b, c, d 등의 응수가 있는데, 이 가운데 b는 백이 d로 맞끊어 26도 이하의 변화와 같으므로 생략한다.

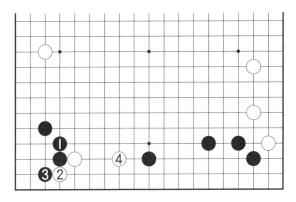

31도

31도(똑같은 결과)

흑1로 서면 백은 2로 하나 젖혀 놓고 4에 벌리게 된다.

가장 간단한 변화로 앞서 살펴본 3도, 20도와 수순만 다르지 똑같은 결과가 나왔다.

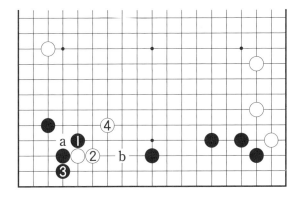

32도

32도(실리에 짠 수법)

흑1로 젖히고 3에 내려서는 것은 실리에 짠 수법이다. 그러나 그만큼 백은 편하게 진출할 수 있다. 4의 경쾌한 날일자가 그것이다.

흑3으로 a에 이으면 백은 4 또는 b의 벌림이다.

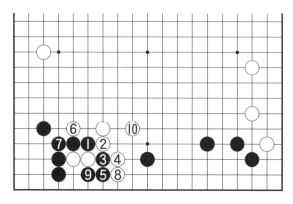

33도

33도(이삭줍기에 불과)
앞 그림에 이어, 흑1로 나
가고 3에 끊는 것은 이삭
줍기에 불과한 행동이다.
　백은 1로 하나 몰아 놓
고 6에 붙여서 활용한 다
음 8을 선수한다. 흑은 10
까지 갑자기 엷어졌다.

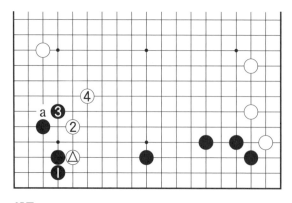

34도

34도(냉정한 한수)
나가끊을 것이 아니라 오
히려 흑1로 두어 백이 활
용할 급소를 봉쇄하는 것
이 냉정한 한수이다.
　하지만 백도 2로 한칸
을 뛰어 근거를 다소 마
련할 수 있는 만큼 불만
은 없다.

35도

35도(백, 경묘한 행마)
백△ 때 흑1로 내려서는
것은 집에도 짜고 백에게
활용의 여지를 주지 않으
려는 수이다. 하지만 백의
중앙 진출의 속도는 빨라
진다. 백2, 4가 경묘한 행
마. 흑3은 백a의 붙임을
예방한 것이다.

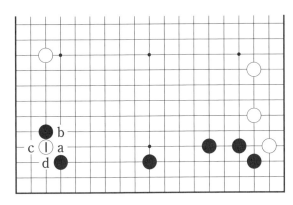

36도

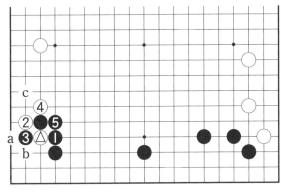

37도

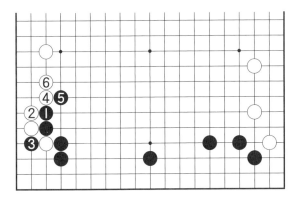

38도

36도(백의 옆구리붙임)

백1로 흑의 날일자굳힘의 옆구리에 붙이는 것은 흔한 수법은 아니다. 이 수는 자칫하면 흑을 굳혀줄 위험이 크다.

흑의 응수는 a 이하 d 까지 네 가지 정도를 생각할 수 있다.

37도(가장 상식적)

백△에 대한 가장 상식적인 응수는 흑1로 덮어 막는 수이다. 백2로 젖히는 수는 흑3에 끊으면 백4를 활용하자는 뜻이다.

이다음 백은 a, 흑b, 백c로 정비하는 수를 남기고 있다.

38도(이런 정도의 곳)

앞 그림 3으로 흑1에 늘면 백은 두 가지의 선택이 있다.

그 하나가 2로 기어나가는 수이다. 흑3에 끊어잡을 때 백4로 젖혀올리고 6에 늘어서 이런 정도의 곳이다.

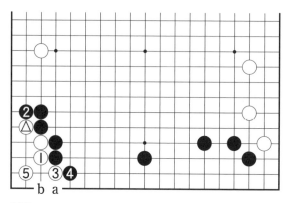

39도

39도(악수교환)

또 하나는 안쪽을 백1로 두는 것인데, 결론을 먼저 말하자면 이것은 좋지 않다. 흑2에 백3, 5가 패의 준비동작이다.

흑a, 백b로 패인데 백이 지는 날이면 백△와 흑2는 악수교환이다.

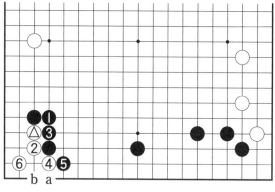

40도

40도(패가 필연적)

백△의 붙임에 흑1은 강수. 이렇게 되면 백은 2로 막는 것이 보통이다.

이 코스는 백4, 6 다음 흑a, 백b로 패가 필연적이다. 앞 그림의 악수교환이 이 그림에는 없다.

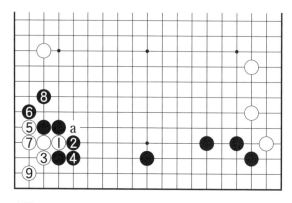

41도

41도(그냥 사는 수순)

백1로 찌르고 3에 막는 것은 흑4로 이을 때 백5, 7의 젖혀이음을 선수하고 9까지 그냥 살겠다는 뜻이다. 이러면 a의 단점이 남아 백도 체면은 선다. 따라서 흑8은 a에 이을지도 모른다.

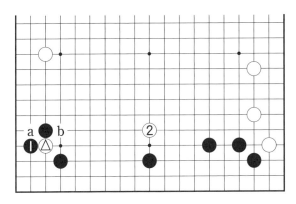

42도

42도(완강한 수법)

백△의 붙임에 흑1의 아래쪽 젖힘은 완강한 수법이다. 요컨대 귀에서는 살려주지 않겠다는 뜻이다.

그러면 백은 a의 맞끊음이나 b의 젖힘을 보류하고 2의 모자로 응수를 묻는 것이 좋다.

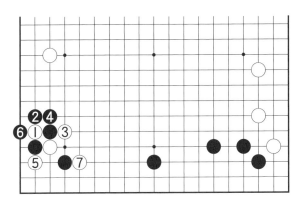

43도

43도(당장 맞끊는 수)

당장 백1로 맞끊는 수도 없지는 않다.

흑2로 잡을 때 백3, 5의 단수를 활용하고 7에 붙여가는 것이 멋진 맥점이지만, 이런 수를 남기고 모자를 씌운 앞 그림이 좋은 착상이다.

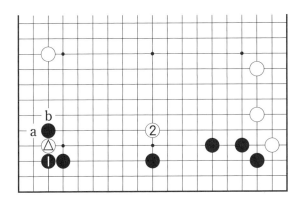

44도

44도(모자가 현명하다)

백△ 때 흑1로 응수하는 것은 백의 활용은 어느 정도 감수하고 간명하게 처리하겠다는 뜻이다.

백은 a의 젖힘이나 b의 붙임을 보면서 2로 모자를 씌우는 것이 현명하다. 42도와 같은 요령이다.

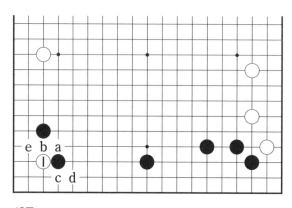

45도

45도(백의 안쪽 붙임)
백1의 붙임도 유력한 응
수타진 가운데 하나이다.
흑은 a로 끄는 수, b로 치
받는 수, c로 내려서는 수
등 모두 세 가지 응수가
있다. 흑a는 백c, 흑d, 백
e의 수순을 밟아 21도나
25도처럼 된다.

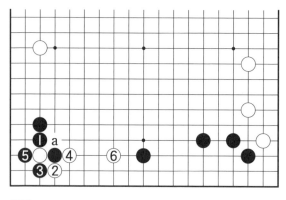

46도

46도(빵따냄을 주다)
흑1에 치받으면 백2로 젖
히고 흑3에 잡을 때 백4
를 활용하는 수순뿐이다.
　백6까지 두칸을 벌렸
지만 흑에게 빵따냄을 준
것은 옥의 티이다. 단, 백
a로 모는 수가 남은 것이
위안이다.

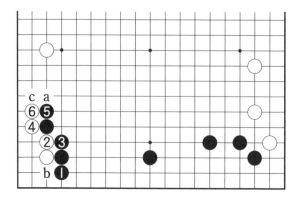

47도

47도(하변이 두터워진다)
흑1로 내려서면 백2로 치
받고 4에 젖힌다. 흑5에
백6으로 기어나간 다음
흑a에 백b로 막아 귀에서
살든가 아니면 c로 또 기
어나가든가 할 것이다.
　대신 하변이 두터워진
것은 어쩔 수 없다.

7형 소목 한칸굳힘의 양날개에서 응수타진

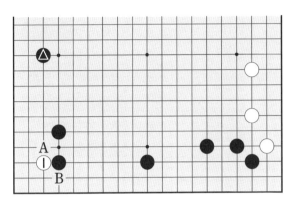

장면도

▨ 전략 테마

앞의 [6형]과 다른 점은 흑▲의 존재이다. 흑은 한 칸굳힘에서 양날개를 편 형태가 되었다. 여기서 백 1의 붙임이 흔히 쓰이는 응수타진. 더불어 백은 A 로 들여다보는 수, B에 붙 이는 수도 있다.

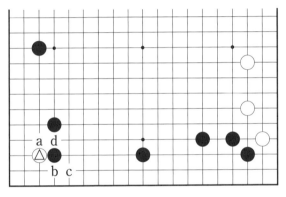

1도

1도(흑의 여러 응수)

백▲의 붙임에 대한 흑의 응수는 a로 호구치는 수 를 비롯해 b에 내려서는 수, c로 마늘모하는 기발 한 수, d로 빳빳하게 잇는 수가 있다.

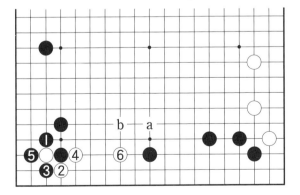

2도

2도(빈도수 넘버원)

흑1로 호구치는 것이 빈도 수 넘버원의 수법이다. 백 은 여기서 몇 가지 작전이 있는데 그중 하나가 2, 4 를 활용하고 6에 두칸을 벌리는 것이다.

다음 흑a로 뛰고 백b로 뛰면 보통이다.

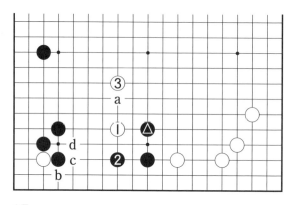

3도

3도(견고한 배석에서)

오른쪽 백이 지금처럼 견고한 배석이라면 귀에 맛을 남겨 놓은 채 흑▲를 의식해 백1 정도로 삭감하는 것이 타당할 것이다.

흑2로 받을 때 백3 또는 a에 뛴 다음 b, c, d 등을 엿본다.

4도(안성맞춤)

앞 그림 이후, 백이 둘 기회가 온다면 1로 젖히고 3을 선수활용한 다음 5로 붙이는 것이 좋은 수가 된다. 다음 흑a의 젖힘에는 백b로 늘어 두는 것이 안성맞춤이다.

4도

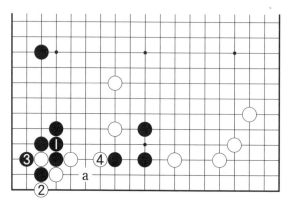

5도

5도(백, 탄력 풍부)

그렇다고 앞 그림 4로 흑 1에 이을 수는 없는 일이다. 그랬다가는 백2의 한 방이 따끔할 뿐 아니라 4에 붙여서 안에서 한 살림 장만하려고 들 것이다. a가 있어 백은 탄력이 풍부하다.

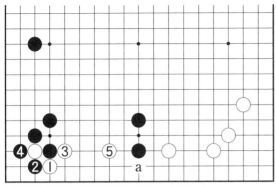

6도

6도(건넘을 노린다)

물론 단순하게 백1로 젖히는 수도 없지는 않다.

흑2에 백3을 활용하고 5에 두칸을 벌리면서 a의 건넘을 노리면 백에게 그리 위험한 상황은 없을 것이다.

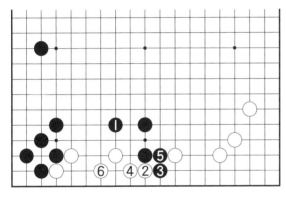

7도

7도(약간 미흡하다)

흑1로 봉쇄를 겸해 건너는 수를 은연중 저지하는 것이 호수이다. 그래도 백은 2로 붙이는 것이 좋다. 흑3에 그냥 백4로 끄는 것은 약간 미흡하다.

백은 6까지 살았지만 더 좋은 수순이 있었다.

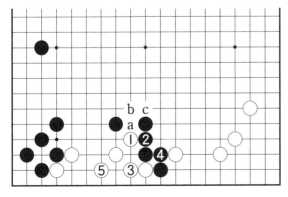

8도

8도(적시의 선수활용)

앞 그림 4로는 백1로 들여다보는 수가 적시의 선수활용이다. 흑2에 잇게 해 백3으로 끌고 5로 사는 것이 효과적인 수순이다. 앞 그림과 다른 점은 백a, 흑b, 백c의 끊음이 남았다는 것이다.

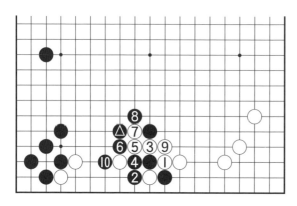

9도

9도(흑▲를 둔 이유)

7도의 4로 백1에 끊는 수
는 성립하지 않는다.

흑2로 잡은 다음 백3,
5 때 흑6의 끊음이 인성
맞춤이다. 흑▲를 두었던
이유가 여기에 있다.

이하 10까지 보듯이 백
은 한 것이 없다.

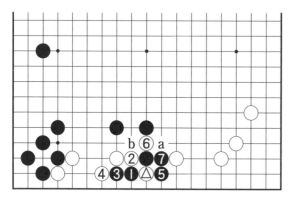

10도

10도(흑의 강수)

백▲ 때 흑1로 안쪽을 젖
히고 백2의 끊음에 흑3으
로 기어나오는 강수가 있
다. 백4에 젖히면 흑5로
잡겠다는 것이다.

백6에 단수해도 흑7 다
음 a와 b가 맞보기여서
백은 후속수가 없다.

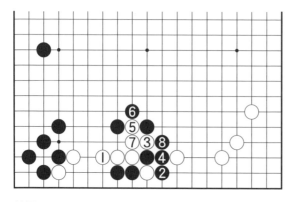

11도

11도(침착하지만 위험)

앞 그림 4로 백1에 느는
것이 침착한 것 같지만 오
히려 위험하다.

흑2로 잡을 때 백3으로
단수해도 바깥쪽 진출이
여의치 않다. 흑은 8까지
봉쇄하고 백의 타개 솜씨
를 볼 것이다.

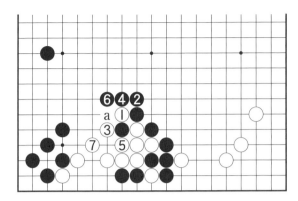

12도

12도(생사가 불투명)

백1, 3으로 살자고 할 수밖에 없는데 흑4, 6이면 그나마 백7로 겨우 사는 모습이다. 백5로 a에 잇다가는 흑7의 치중이 통렬해 빈사 직전이다.

실은 흑6으로 7에 치중해도 생사가 불투명하다.

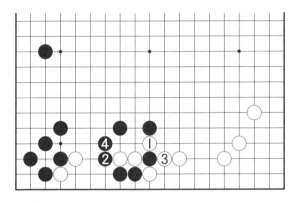

13도

13도(타협이 최선)

그러므로 백은 타협하는 것이 무난할 것이다.

요컨대 이 상황에서 백1로 흑 한점을 잡는 것이 최선이다. 흑은 2에 젖히고 4로 손질해서 좌하에 상당한 집을 얻었다.

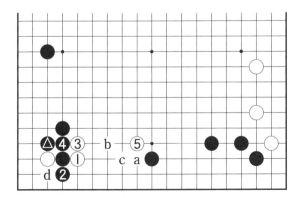

14도

14도(백의 껴붙임)

흑▲ 때 백1에 껴붙이면 흑2로 내려서는 수가 보통이다. 백은 3을 활용하고 5로 어깨를 짚는 것이 경묘하다. 다음 흑a에는 백b가 틀인데, 백5는 c도 있다. 한편 백3이 싫어서 흑2로 d에 두기도 한다.

225

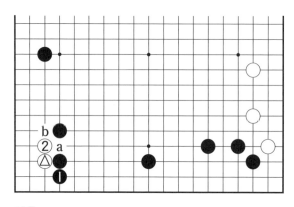

15도

15도(내려서는 수)

백△에 대해 흑1로 내려서는 것은 우변을 중시한 완강한 수법이다. 백은 2로 올라서서 흑의 응수를 물을 수밖에 없다.

다음 흑a로 이을 것이냐, 아니면 b로 막을 것이냐?

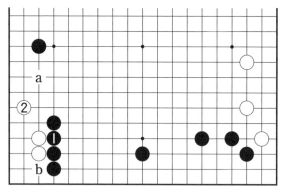

16도

16도(쉽게 수습)

흑1로 빳빳하게 이으면 맛은 깨끗하다. 하지만 그만큼 백의 움직임도 편해진다.

백은 2의 날일자로 달리는 것이 보통이다. 다음 a와 b를 맞봐서 쉽게 수습할 수 있다.

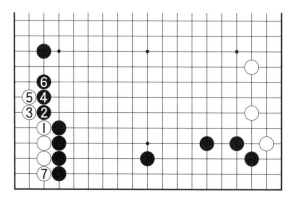

17도

17도(기어나가는 수)

앞 그림 2로는 백1로 그냥 기어나가는 것도 생각할 수 있다.

흑2의 젖힘에는 백3, 5를 선수하고 7에 막아서 제법 크게 살았다. 다만 오른쪽 흑의 골이 깊어진 것은 어쩔 수 없다.

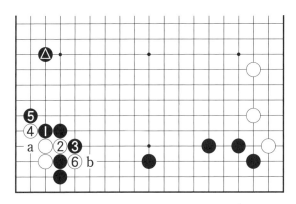

18도

18도(강력한 막음)

흑1로 막는 것이 강력한 수법이다. 백2, 4에 흑3, 5로 받아 백을 코너에 몰아넣는다. 흑△가 있기에 이런 수가 가능하다.

여기서 백a는 흑b로 살 길이 없으므로, 백은 6에 끊는 한수이다.

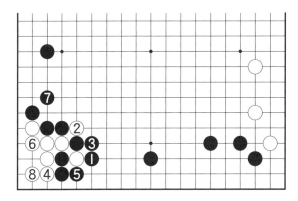

19도

19도(백, 나쁘지 않다)

흑1로 잡을 때 백2로 끊으면서 단수한다. 이을 것이냐 따낼 것이냐를 묻고 있다. 흑3에 이으면 백4와 6이 선수가 되므로 8까지 살 수 있다.

이 정도면 백도 나쁘지 않은 결과이다.

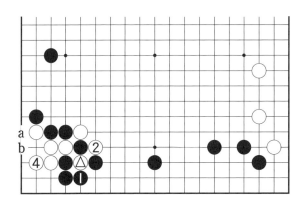

20도

20도(탄력적인 호수)

흑1로 따내는 것은 호락호락 살려주지 않겠다는 의사표시이다. 그러면 백2의 한방이 기분 좋다. 그다음 백4로 버티는 것이 탄력적인 호수이다.

여기서 흑a, 백b의 패는 흑도 부담스럽다.

❸‥△

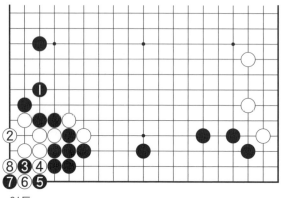

21도

21도(패가 최선)

그렇다고 흑1로 호구치면 백2로 살자고 할 것이다.

물론 무조건 살지는 못한다. 흑3 이하의 공략에 백도 8까지 버텨서 패가 되는 것이 최선이다. 그런데 흑1로는~

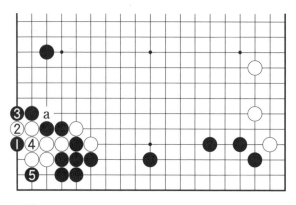

22도

22도(필살의 치중)

흑1에 치중하는 필살의 수가 있다. 백2면 흑3으로 단수하고 백4에 이을 때 흑5로 붙이면 백은 2수에 불과하므로 a에 끊을 시간이 없다.

이렇게만 된다면 백이 크게 망한 셈이다.

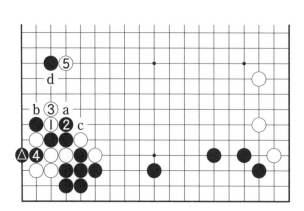

23도

23도(버리고 맛을 노린다)

그러므로 흑▲ 때 백은 거기에 응하지 않고 1쪽을 끊어 버린다.

흑2에는 백3으로 나가 흑4를 강요한다. 다음 a, b, c 등을 보며 백5 또는 d로 붙여서 맛을 노리는 정도로 충분하다.

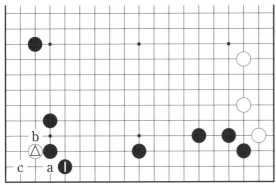

24도

24도(흑의 마늘모)

백△의 붙임에 흑1로 마늘모하는 것은 특수한 응수로 역시 하변을 중시하고 있다.

이에 대해 백은 a를 비롯해 b와 c가 있는데, 추천수는 c의 마늘모이다.

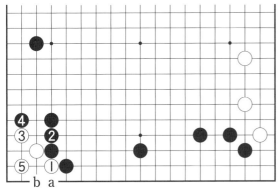

25도

25도(결론은 패)

백1에는 흑2로 잇는 것이 좋은 대응이다. 백은 3에 마늘모하고 5로 틀을 갖춰서 패를 준비한다.

다음 흑a에 백b로 패가 되는 것이 이 변화의 결론이다.

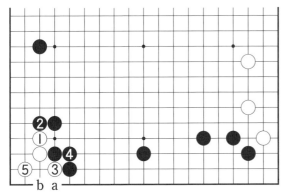

26도

26도(역시 패)

백1로 올라가면 흑2는 당연하다. 여기서 백3에 찝어 흑4로 잇게 하고 백5로 호구치면 다음 흑a, 백b로 패가 된다.

실은 백3은 그냥 5에 두는 것이 호수이다.

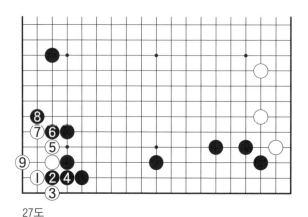

27도

27도(가장 좋은 수)

백1로 마늘모하는 것이 이 변화에서 가장 좋은 수였다. 흑2에는 백3으로 단수해서 흑4로 잇게 하고 백5 이하 9까지 사는 것이 정해진 코스이다.

　이 수순을 잘 기억하기 바란다.

28도

28도(호구쳐 막는 수)

백△ 때 흑1로 호구쳐 막는 수도 있다. 그러면 백2로 찝고 흑3을 기다려 백4에서 6으로 살아 버린다.

　흑은 3의 곳을 잇기 전에 a로 단수해 백b로 잇게 할 수도 있다.

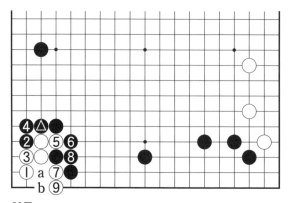

29도

29도(마늘모가 호수)

앞서도 말했지만 흑이 △로 막았을 때 백1로 마늘모하는 것이 호수이다. 흑이 2, 4로 젖혀이으면 백5로 나가고 7에 단수한 다음 9로 내려서서 산다.

　흑2로 a면 백b, 흑7로 27도와 같아진다.

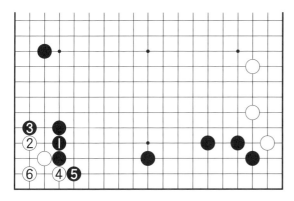

30도

30도(패의 모양)

드문 수이지만 흑1로 빳빳하게 잇는 것도 있다. 그러면 백은 2 이하 6으로 패의 모양을 만드는 것이 최선이다.

이 결과는 25도와 같음에 주목하기 바란다.

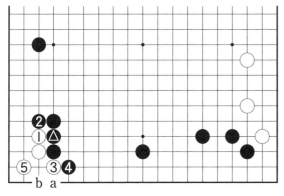

31도

31도(흑의 치중수)

백이 ◬로 젖혔을 때 흑1로 치중하는 수도 있다.

백은 잇다가는 흑에게 막혀 그냥 잡히므로 2에 나가는 한수이다. 흑3의 끊음에 백4로 날아가 이쪽을 부수게 된다.

32도

32도(기본적인 패)

흑이 ▲로 둔 시점에서 백1로 올라가는 수도 있다. 흑2는 당연하며 백은 3, 5로 젖혀서 기본적인 패의 모양을 만든다. 흑a, 백b의 패는 필연적이다.

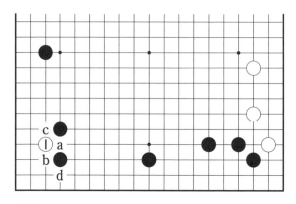

33도

33도(백이 들여다보면?)
한칸굳힘을 백1로 들여다
봐 흑의 응수를 묻는 것
도 흔히 쓰이는 수법이다.

이에 대해 흑은 a로 잇
든가, b나 c의 세 가지 길
이 있다. 이 가운데 c는 백
b 때 흑a든 d든 이미 검토
한 바 있다.

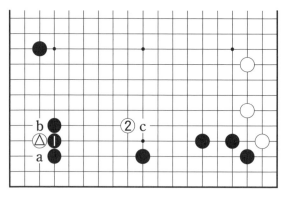

34도

34도(보류하고 삭감)
백△에 대해 흑1로 잇는
다면 백은 귀의 처리를 보
류하고 2로 삭감하는 것
이 묘미 있는 작전이다.

흑의 응수에 따라 a나
b를 결정하겠다는 뜻이
다. 백2는 c의 모자도 유
력하다.

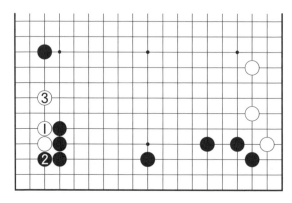

35도

35도(시기상조의 우려)
백1로 당장 움직이면 흑
은 2로 귀쪽을 막게 된다.
그러면 백3으로 뛰어서
수습하게 되는데 잡힐 돌
은 아니다.

단, 시기상조가 될 우
려도 큰 만큼 앞 그림의
삭감이 바람직하다.

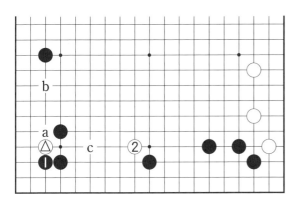

36도

36도(성동격서의 작전)

백△ 때 흑1쪽에서 응수할 경우, 즉각 백△를 끌어내는 것은 성급하다. 백2의 어깨짚음이 성동격서의 작전이다.

이렇게 삭감하면서 백 a, b 또는 c 등의 수를 노리는 것이 고등수법이다.

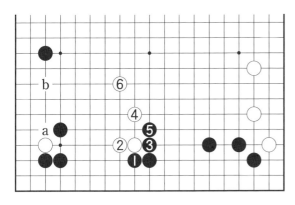

37도

37도(백, 경쾌한 행마)

앞 그림에 이어, 흑1로 밀면 백2로 늘고 흑3의 꼬부림에 백4로 한칸을 뛰는 것이 틀이다. 흑5에 백6이 경쾌한 행마.

다음 a로 직접 움직이거나 b로 우회하는 수를 엿보고 있다.

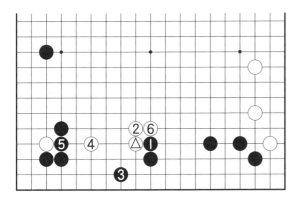

38도

38도(삭감의 목적 달성)

백△에 대해 흑1쪽을 밀면 백2로 올라서고 흑3에 백4로 뛰는 것이 좋은 수이다.

흑은 귀쪽의 맛 때문에 5로 받는 정도이니 그때 백6으로 꼬부리면 삭감의 목적은 달성한 셈이다.

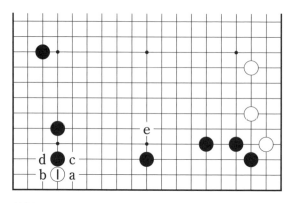

39도

39도(백의 아래쪽 붙임)

흔치 않지만 백1로 아래쪽을 붙이는 수도 있다.

흑은 a~d의 응수가 있는데 a는 25도를 참조할 것. 또 흑c는 d로 사는 맛을 남긴 채 백e의 모자로 삭감하는 수가 멋지다.

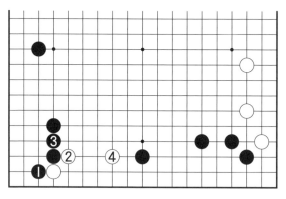

40도

40도(안쪽 젖힘)

흑1로 안쪽에서 젖히는 수는 백의 움직임을 강요하는 뜻을 품고 있다.

그러면 백은 2로 젖혀서 활용하는 것이 상식이다. 흑3에 잇는 정도일 때 백4로 두칸을 벌려서 수습을 꾀한다.

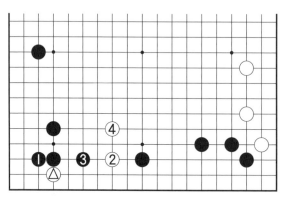

41도

41도(비키고 달아난다)

백△에 흑1로 안쪽을 느는 것은 백에게 조금 여유를 준다.

그러나 활용의 여지를 없애고 있으므로 백도 직접 움직이기는 어렵다. 백2로 비키고 흑3에 백4로 뛰어 달아나게 된다.

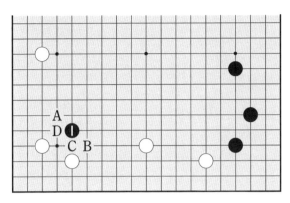

장면도

전략 테마

백은 좌하귀에서 소목 날일자굳힘, 그리고 양날개를 편 모습이다. 흑은 더 이상 내버려둘 수 없다고 보고 1의 모자로 삭감을 시도했다. 백의 응수는 A ~D가 있는데 그 변화를 살펴본다.

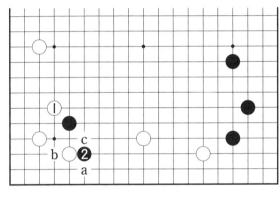

1도

1도(백의 날일자응수)

백1의 날일자가 가장 일반적인 응수이다. 그러면 흑은 2로 붙이는 수를 준비하고 있다.

여기서 백은 a의 아래쪽 젖힘, b로 끄는 수, c에 젖혀나가는 수 등의 선택이 있다.

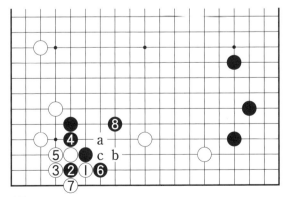

2도

2도(아래쪽 젖힘)

백1로 아래쪽에서 젖히는 것이 상식적이다. 그러면 흑2의 맞끊음은 상용의 맥점이다. 백3으로 잡을 때 흑4와 6을 활용하고 8로 틀을 갖추는 것이 경묘하다. 흑8로 a는 백b, 흑c로 되어 무겁다.

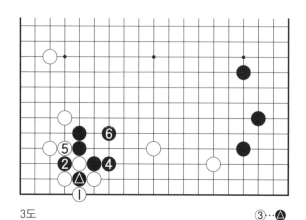

3도

③…△

3도(흑, 목적 달성)

앞 그림 5로는 그냥 백1
에 따내는 수도 가능하다.

그러면 흑은 2로 한방
단수해 백3의 이음을 강
요하고 흑4에 늘면 백은
5로 보강하는 정도이다.
다음 흑은 6으로 지켜서
목적을 달성했다.

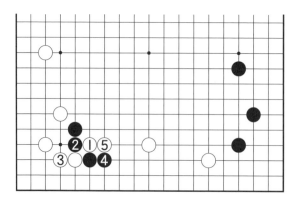

4도

4도(흑, 경묘한 행마)

흑△의 붙임에 백1로 끄
는 수는 활용의 여지를 주
지 않겠다는 뜻이다.

그러나 흑에 대한 영향
력은 그만큼 떨어진다. 흑
2가 경묘한 행마. 자칫 a
에 두는 것은 백b로 공격
당해서 나쁘다.

5도(축 관계가 있다)

백1로 젖혀나가는 것은 축
관계가 있다.

요컨대 흑2의 끊음에
백3으로 끌었을 때 1의 한
점이 축으로 잡힌다면 얘
기가 안 된다. 흑4에 늘 때
백5로 밀어서 이 싸움은
백이 유리하다.

5도

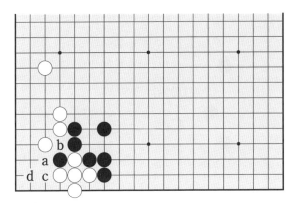

장면도

귀의 수단

3도를 변형시킨 문제.

백은 귀에서 흑a면 백b로 끊고 흑c 때 백d의 배붙임이 있어 수가 나지 않는다고 생각하고 있었다. 그런데 과연 그럴까?

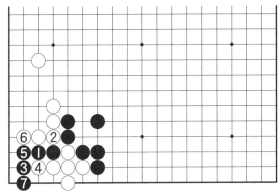

참고도 1

참고도 1(흑승?)

흑1, 백2 때 흑3으로 마늘모하는 것이 교묘한 맥점이다. 적의 급소는 나의 급소라는 격언에 부합하는 곳이기도 하다. 백4, 6에는 흑7로 내려서 이 수상전은 흑승이다. 그런데 과연 이것이 정해일까?

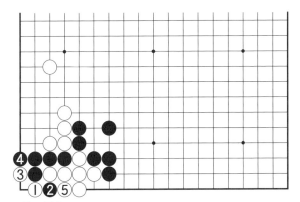

참고도 2

참고도 2(패가 최선)

앞 그림의 수순 가운데 6으로는 이 그림처럼 백1에 젖히는 수가 있다. 흑2의 먹여침에 백3의 젖힘으로 버티는 것이 독한 수로 백은 그냥은 안 잡힌다. 패가 최선이었다.

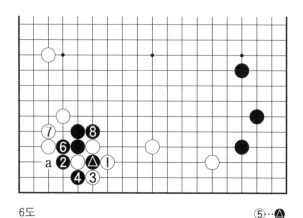

6도

⑤…❹

6도(축이 불리할 경우)

축이 불리할 경우, 5도 3 으로 백은 1로 단수할 수 밖에 없다. 흑은 2로 같이 단수하고 백3에 흑4로 또 단수하는 것이 좋다.

이하 8까지 되면 흑a도 남아 있어 나쁘지 않은 결 과이다.

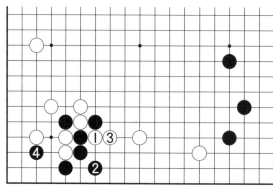

7도

7도(백, 무식한 속수)

흑❹의 붙임에 백1, 3으 로 끊는 것은 속수이다. 흑은 4에 단수하고 6, 8 로 젖혀이어서 충분하다.

다음 a의 껴붙임도 있 고 b로 정비하거나 c로 저 공비행하는 수가 있어 수 습은 어렵지 않다.

8도

8도(이적수)

앞 그림 7로 백1에 끊는 것이 강력한 수법 같지만, 흑의 수습을 도와주는 이 적수이다.

흑2가 좋은 수여서 백3 이 불가피할 때 흑4의 붙 임으로 가볍게 타개한다. 백은 피해가 크다.

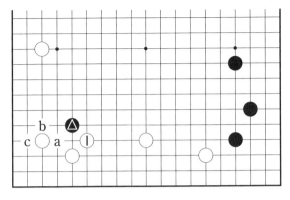

9도

9도(백의 마늘모)

흑●의 삭감에 대해 백1로 마늘모하는 것은 하변을 중시하는 수법이다. 이렇게 되면 흑은 왼쪽에서 뭔가를 하지 않으면 안 된다. 흑의 선택은 a, b, c의 셋 가운데 하나이다.

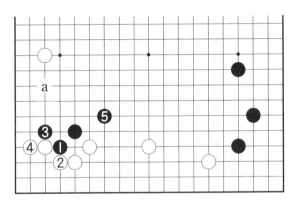

10도

10도(노골적인 수순)

흑1은 약간 노골적인 수이지만 확실한 의미는 있다. 백2를 기다려 흑3으로 젖힌다. 백4는 어쩔 수 없는 응수이며 흑은 5의 날일자로 진출하는 것이 경쾌하다. 흑5로 달리 둔다면 a의 두칸벌림이다.

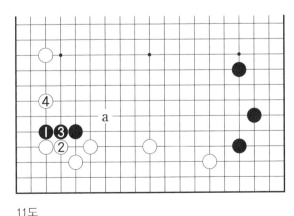

11도

11도(통렬한 공격)

그냥 흑1에 붙이는 것이 세련된 수법 같지만, 백2로 올라서면 흑3에 잇지 않을 수 없다. 거기서 백4의 공격이 통렬하다.

단, 백4로는 a의 날일자로 하변을 키우는 수도 있다.

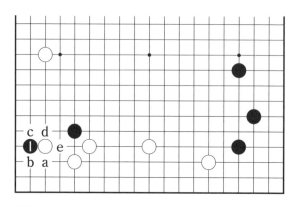

12도

12도(기발한 착상)

흑1로 2선, 그러니까 아래쪽을 붙이는 것이 기발한 착상이다.

이에 대해 백은 a 이하 e까지의 응수를 생각할 수 있다.

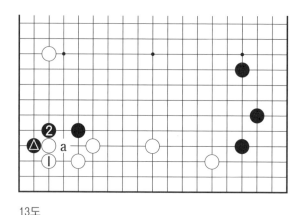

13도

13도(소극적인 태도)

흑▲의 붙임에 백1로 안쪽을 느는 것은 소극적인 태도이다. 흑2로 젖혀올리는 수가 안성맞춤이다.

이 결과는 흑이 2에 붙였을 때 백1로 받고 흑▲로 젖힌 것과 같다. 이상한 대응 아닌가?

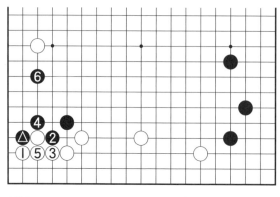

14도

14도(백, 당한 모습)

흑▲ 때 백1로 받는 것은 바람직하지 못한 응수이다. 흑은 2로 마늘모 붙여서 백3에 흑4의 단수를 기분 좋게 선수활용하고 6에 벌릴 것이다. 이것은 백이 당한 모습이다.

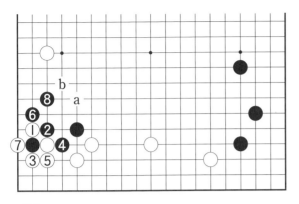

15도

15도(바깥쪽 젖힘)

흑의 붙임에 백1로 바깥
쪽을 젖히면 흑2의 맞끊
음이 맥점이다. 백3으로
잡는 정도일 때 흑4와 6
의 단수를 선수활용하고
8로 호구쳐 정비하는 것
이 너무 멋지다. 흑8은 a
나 b도 가능하다.

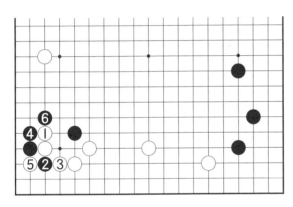

16도

16도(바깥쪽 늘기)

백1로 바깥쪽을 느는 것
은 어떨까? 그러면 흑은
2로 하나 젖혀서 백의 응
수를 또 살핀다. 백3이면
흑4로 기어나간다.

　백5로 귀를 접수하면
흑6으로 젖혀올려서, 이
것도 백이 당했다.

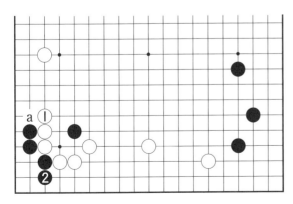

17도

17도(귀에서 산다)

앞 그림 5로 백1에 늘면
흑은 2로 귀에서 사는 것
이 현실적으로 크다.

　백이 a로 꼬부려 막는
수가 귀의 흑에 대해 선
수가 안 되는 점이 흑의
자랑이다.

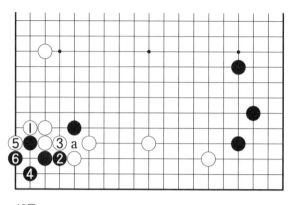

18도

18도(백의 부담이 크다)
16도 3으로 백1에 꼬부려 막는 것이 강력한 수법이다. 다만 흑2에서 4, 그리고 백5에 흑6으로 패가 불가피하다.

이 패를 백이 지면 a의 끊음이 통렬해지므로 백의 부담이 크다.

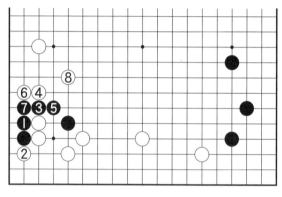

19도

19도(흑, 무거운 모습)
16도 2로 흑1에 기어나가는 수는 찬성하고 싶지 않다. 백2에 막히면 흑3으로 젖혀올려야 하는데 백4의 껴붙임이 매서운 맥점이다. 흑은 8까지 공격당해 여간 무거운 모습이 아니다.

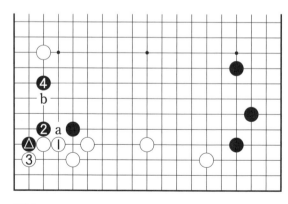

20도

20도(늘어서는 수)
흑▲의 붙임에 백1로 늘어서는 수도 있다. 언뜻 느슨해 보이지만 활용의 여지를 덜 주려는 뜻이다.

흑은 2로 젖히고 4에 벌리는 정도이다. 흑4로 a에 이으면 백b를 불러 11도와 대동소이하다.

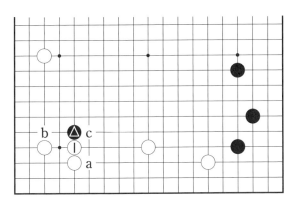

21도

21도(백의 치받음)

흑❸의 삭감에 백1로 치받는 것은 흑a의 붙임을 없애며 흑을 급박하게 몰아가려는 것이지만 별로 좋은 결과는 얻지 못한다.

흑은 b의 붙임이나 c로 느는 수, 둘 중 하나를 선택하게 된다.

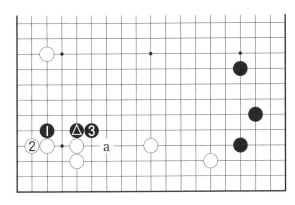

22도

22도(흑, 목적 달성)

흑1로 붙일 때 백2에 내려서는 것은 흑의 리듬을 끊겠다는 뜻이다. 그러면 흑은 3에 뻗는 것이 좋다.

이것이면 흑은 삭감의 목적을 달성하고도 남는다. 다음 백은 a로 받는 정도이다.

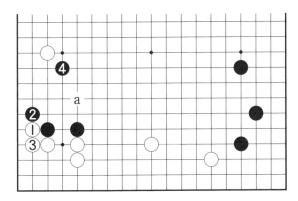

23도

23도(타개의 맥점)

백1의 젖힘에는 흑2의 되젖힘이 타개의 맥점이다. 백3에 잇고 물러선다면 흑4의 어깨짚음이 안성맞춤이다.

흑4로 달리 둔다면 a에 뛰어서 틀을 갖추는 수도 유력하다.

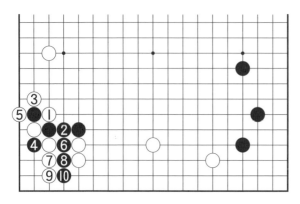

24도

24도(백, 좋을 리 없다)

백1에 끊고 3으로 잡는 것은 흑4, 6을 불러서 좋지 않다. 10까지 관통상을 입은 백이 좋을 리 없다.

이렇게 뚫린 다음 전체 흑을 공격하겠다고 생각했다면 그것은 오산이다.

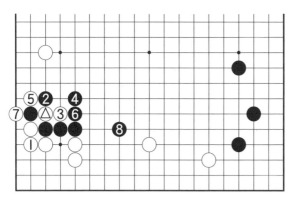

25도

25도(흑, 사석 활용)

앞 그림 3을 백1에 잇는 것은 축이 유리해야만 둘 수 있다. 요컨대 백△가 잡혀서는 얘기가 안 된다.

축이 불리해도 흑은 2에서 4로 씌우고 사석을 활용해서 8로 뛰는 정도로 충분하다.

26도

26도(흑, 불안은 없다)

흑이 되젖혔을 때 백1쪽에서 단수하는 수도 있다.

그러면 흑은 2로 잇는 것이 간명하다. 백3은 기세겠지만 흑4, 6으로 백 한점을 끊어잡아서 불안은 없다. 흑8 다음 백a면 흑b로 지킨다.

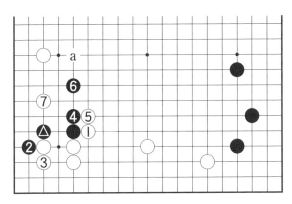

27도

27도(백, 하변 중시)

흑▲의 붙임에 그쪽을 외
면하고 백1로 젖히는 수
는 하변을 중시한 것이다.

흑은 2로 하나 젖혀 두
고 4에 손을 돌린다. 백5
에는 흑6으로 뛰어 공격
당할 돌은 아니다. 백7은
a에 뛸 수도 있다.

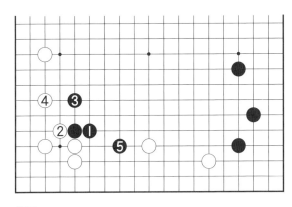

28도

28도(젖힘을 꺼린 수)

백의 치받음에 흑1쪽을
느는 것은 백의 이곳 젖
힘을 꺼린 것이다.

하지만 백2로 호구치
는 것이 좋아 백도 불만
은 없다. 흑은 3에 뛰고 5
로 하변을 파고드는 진행
이 예상된다.

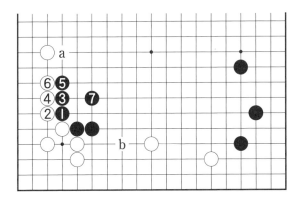

29도

29도(확실하게 결정)

앞 그림 3으로는 흑1에 젖
히는 수도 있다. 백2를 강
요하고 흑3에 늘어 이곳
을 확실하게 결정짓겠다
는 뜻이다.

흑7로 정비해서 일단
락인데, 달리 a에 붙이거
나 b로 둘 수도 있다.

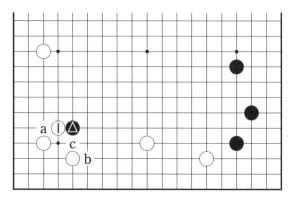

30도

30도(백의 마늘모붙임)
흑▲에 대해 백1로 마늘모 붙이는 것은 왼쪽(a)이든 오른쪽(b)이든 흑이 붙여서 활용하는 꼴을 보기 싫다는 강력한 의사표시이다. 이다음 흑은 c에 치받는 한 수뿐이다.

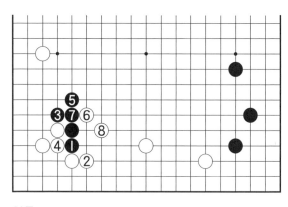

31도

31도(조금 무거울까?)
흑1로 치받으면 백은 2쪽을 느는 것이 상식이다. 흑3에는 모양은 사납지만 백4의 빈삼각으로 꽉꽉 틀어막는다.
흑5로 호구칠 때 백6에 들여다보고 8이면 흑이 조금 무거울까?

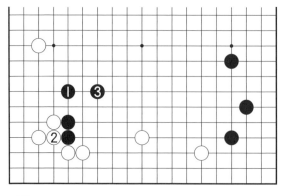

32도

32도(흑, 경쾌한 행마)
그렇다고 생각되면 흑은 앞 그림 3 대신 이 그림 1로 뛰는 것이 경쾌하다. 백2로 단속하는 정도일 때 흑3으로 이쪽을 한칸 뛰는 것이 또 경쾌하다. 추천할 만한 행마였다.

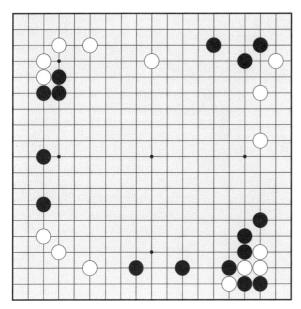

문제도

연습 테마

우하귀가 초점이다. 흑
의 날일자굳힘에 백이
쳐들어갔고, 힘을 다한
응접 끝에 생긴 정석으
로 되어 있는 형태이다.

　백은 이곳을 어떻게
처리하는 것이 좋을지
생각해보자.

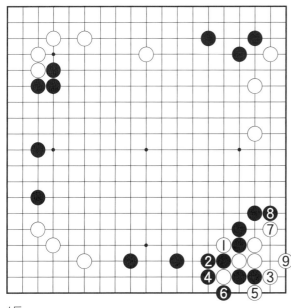

1도

1도(바깥이 두텁다)

백1로 끊어 놓고 3에 젖
히는 것은 귀에서 살겠
다는 뜻이다. 백5를 선
수하고 9까지 살았지만,
바깥쪽 흑을 두텁게 만
들어준 점이 다소 불만
이다.

　그건 그렇고 백7은
그냥 9에 둘 수도 있다.

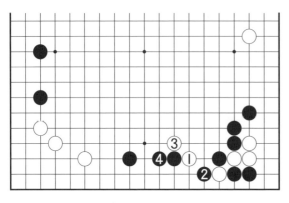

2도

2도(후속수가 없다)

백1로 붙여서 귀의 백을 사석으로 활용하려는 것은 생각은 옳지만 방법이 서투르다.

흑2로 응수하면 마땅한 후속수가 없다. 백3으로 젖혀봤자 흑4로 늘어서 백은 얻은 것이 없다.

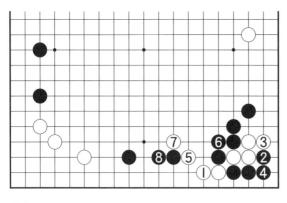

3도

3도(출발점은 느는 수)

일단 출발점은 백1로 느는 한수이다. 흑은 2, 4로 젖혀도 되고 아니면 그냥 4의 곳에 내려서도 상관이 없다. 그런데 여기서 백5의 마늘모붙임은 너무 점잖아 흑에게 타격을 못 준다. 백5로는~

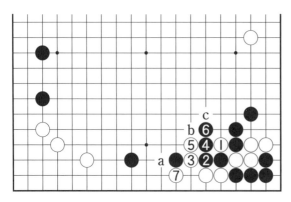

4도

4도(최선/ 단수하고 돌파)

백1에 끊고 흑2에 백3, 5로 계속 단수하며 뚫고나가고 나서 7에 젖히는 것이 최선이다.

다음 흑a면 백b로 밀어 c의 단수를 본다. 이로써 하변 흑 두점은 큰 상처를 입었다.

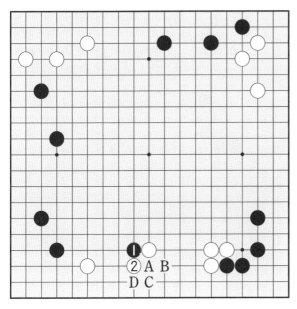

문제도

연습 테마

하변 백진은 아차 하다가는 상당한 세력권을 형성하게 될지도 모른다. 그래서 흑은 제동을 걸기 위해 1로 붙인 것. 백2에 흑A로 맞끊는 것은 백B, 흑C, 백D를 불러 다음수가 없다.

그렇다면 흑이 어떻게 처리해야 좋을지 생각해보자.

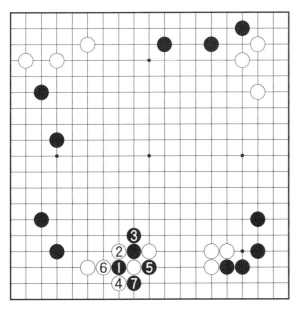

1도

1도(최선/ 젖힘)

흑1로 젖히는 것이 효과적인 수법이다. 물론 이 수는 축 관계가 내포되어 있다.

백2로 끊고 4에 잡으면 흑은 5로 끊고 가차없이 7에 단수한다. 패가 두려워 움츠려서는 못쓴다.

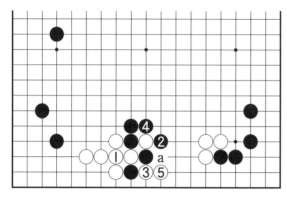

2도

2도(흑, 성공!)

백1로 잇지 않고 a에 몰면 천지대패! 흑은 따낼 차례이므로 겁날 것이 없고 만패불청해서 그만이다.

　그건 그렇고 흑2의 축이 성립함에 주목할 것. 백은 3, 5로 둘 수밖에 없다. 흑 성공!

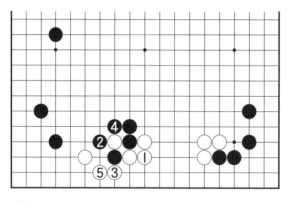

3도

3도(양쪽의 축이 유리)

이 상황에서 백1쪽을 이어도 2의 축이 성립한다는 점이 흑의 자랑이다.

　흑은 처음부터 양쪽의 축이 유리함을 보고 결행했다. 흑은 4로 빵따내서 두터운 모습이며 좌변은 자연스럽게 부풀었다.

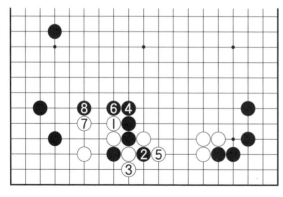

4도

4도(어마어마한 두터움)

앞 그림 1로는 백1쪽을 미는 수도 있다. 그러면 흑2로 하나 단수해 놓고 4에 느는 것이 수순이다.

　백5로 잡을 때 흑6으로 꼬부리고 백7에 흑8로 붙여서 어마어마한 두터움이다.

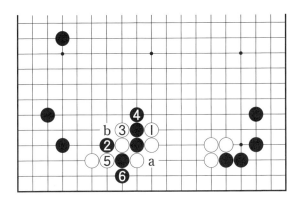

5도

5도(맞보기로 백의 낭패)

반대쪽을 백1로 밀면 흑2로 단수하는 수가 준비되어 있다. 백3에는 흑4로 자연스럽게 나간다.

백5에 끊는 것은 무리. 흑6 다음 a로 잡는 수와 b의 축이 맞보기여서 백의 낭패이다.

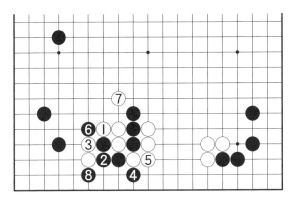

6도

6도(꼬부려도 안 된다)

앞 그림 5로 백1에 꼬부리는 수가 있는 것 같지만 흑2로 이어서 백이 곤란하다. 백3은 내친걸음이지만 흑4로 단수해 놓고 6에 끊어서 흑은 걱정이 없다. 백7에는 흑8로 젖혀서 그만이다.

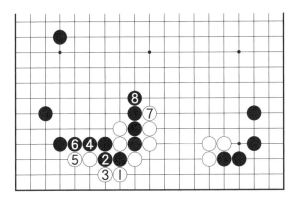

7도

7도(좌변이 무시무시)

따라서 백은 이 상황에서 구차하지만 1로 단수하고 3에 건널 수밖에 없을 것이다.

흑4, 6은 후수이지만 두터운 수법이다. 백7에도 흑8로 슬슬 늘어 좌변 일대가 무시무시하다.

251

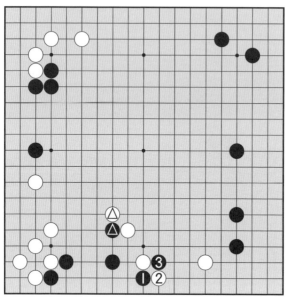

문제도

당면한 과제는 좌하 쪽 흑 몇 점을 어떻게 타개 하느냐이다. 흑은 ▲와 백△를 문답하고 나서 1로 붙이더니 백2에 흑 3으로 맞끊었다.

족보에 있는 수법인 데, 백은 어떻게 대응해 야 할지 생각해보자.

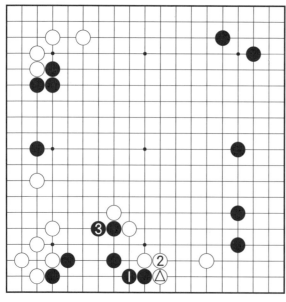

1도

1도(자중하는 정도)

백△ 때 흑은 1로 끄는 게 어땠을까? 백2로 이 을 때 흑3으로 느는 정 도로 수습한 모습이니 이렇게 자중하는 정도 였던 것 같다.

전체적으로 집에서 앞서 있었던 국면이니 까 굳이 어려운 길을 갈 필요가 없지 않았을까.

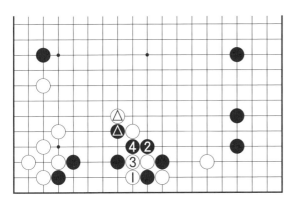

2도

2도(백, 경솔한 행동)

본론으로 들어가서, 흑의 맞끊음에 백1로 흑 한점을 잡는 것은 경솔한 행동이다. 흑2로 단수하고 4면 흑▲와 백△의 교환이 안성맞춤으로 작용한다. 이렇게 관통되어서야 얘기가 안 된다.

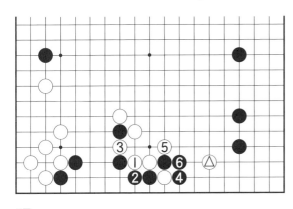

3도

3도(채산이 맞지 않다)

백1로 치받고 3으로 두텁게 두는 것으로는 채산이 맞지 않는다. 흑은 유유히 4로 백 한점을 잡고 떵떵거리면서 수습했다.

백은 △도 매우 약화되었으니 망한 것이나 다름 없다.

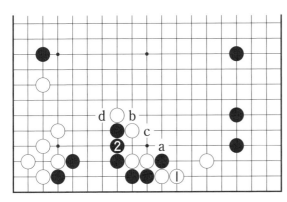

4도

4도(냉정한 호수)

앞 그림 3으로 백1에 느는 것은 흑2로 잇는 것이 냉정한 호수여서 백은 응수하기가 난감하다.

백a는 흑b의 끊음이 껄끄럽고, 백b는 흑a로 서는 수가 성가시며, 백c는 흑d의 젖힘이 있다.

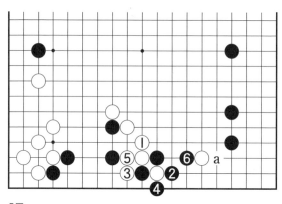

5도

5도(흑이 잘된 결과)

백1로 뻗는 것도 상황에 따라 유력한 수법이지만 이 경우는 조금 느슨하다.

흑은 2로 잡고 왼쪽 몇 점은 버릴 것이다. 이하 6 (또는 a)까지의 바꿔치기 는 흑이 잘된 결과로 보 인다.

6도(최선/ 최강수)

보통 때는 좀 생각할 점이 있는 수법이지만 여기서 는 백1로 단수하고 3으로 잡는 것이 최강이자 최선 의 수순이었다.

흑4, 6은 어쩔 수 없으 며 백7로 단수해 흑8로 잇 게 하고 나서~

6도

7도(안성맞춤의 한수)

백1로 누르는 것이 안성 맞춤의 한수가 된다. 흑은 천상 2를 선수하고 4에 젖 힐 수밖에 없다.

백5, 7로 슬슬 늘어서 흑은 아직도 조금 불안하 며 우변 흑 세력도 지워 지고 있다.

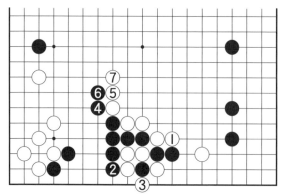

7도

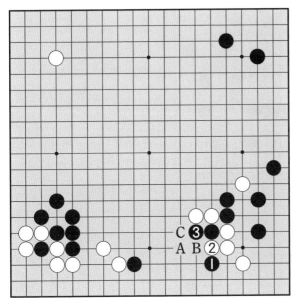

문제도

▨ 연습 테마

우하 방면이 초점인데 흑1로 뛴 것은 맥점이다. 백2를 강요하고 있다. 흑3으로 나갔을 때 백은 이곳을 어떻게 처리하는 것이 좋을까?

그건 그렇고 흑3은 A로 비키고 백B 때 흑C를 선수하는 것도 일책이었을 것이다.

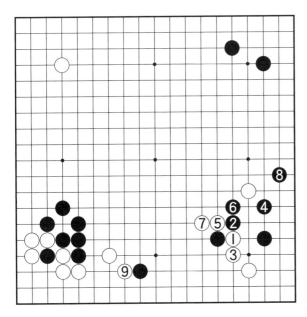

1도

1도(과정)

우하의 형태가 나오기까지를 살펴본다. 소목 날일자걸침에 두칸높은 협공으로 출발했다.

흑의 두칸뜀에 백1, 3으로 붙여끌고 이하 8까지. 거기서 백9로 마늘모붙인 것이 문제도가 나오기 바로 직전의 진행 수순이었다.

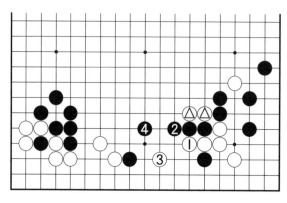

2도

2도(흑의 주문)

백1로 단수하고 흑2에 백 3의 날일자로 가는 것은 흑의 주문이다.

　흑4로 뛰는 수가 호점. 그냥도 두고 싶은 자리였 으니 고마울 것이다. 백△ 두점은 움직이기 어렵다. 백의 대실패!

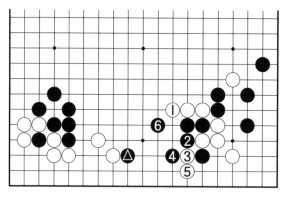

3도

3도(호전적이지만)

백1로 느는 것은 호전적 인 수법이다. 그러나 흑2 로 막고 백3에 끊을 때 흑 4로 몰아 놓고 6에 뛰면 흑은 벌써 형태가 잡힌 모 습이며 ●도 쓸모가 있다. 이것은 백이 원하는 바가 아닐 것이다.

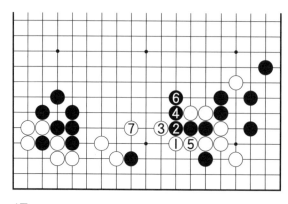

4도

4도(최선/ 사석작전)

백1로 뛰고 흑2에 백3으 로 젖히는 것이 교묘한 사 석작전이다. 흑4는 어쩔 수 없으며 백5로 손을 돌 리면 흑은 축을 방비해 6 의 곳에 느는 정도이다. 백은 7까지 하변을 송두 리째 접수했다.

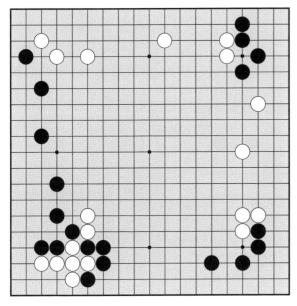

문제도

연습 테마

좌하 쪽에 주목하기 바
란다. 소목 날일자걸침
에 한칸높은협공을 출
발점으로 이루어진 형
태인데, 아직 정석이 끝
나지 않았다.

우변과 상변 백의 포
진을 염두에 두고 백이
어떻게 처리하면 좋을
지 모색해보기 바란다.

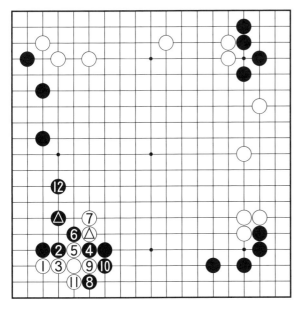

1도

1도(과정)

흑이 한칸 높게 협공한
데 대해 백△의 날일자
로 진출하고 흑도 ▲의
날일자로 받은 상태에
서 백1로 붙인 것은 상
식적인 선택이었다.

흑2면 백3 이하 흑12
까지는 외길이나 다름
없는 코스였다.

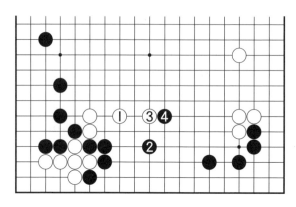

2도

2도(집 부족)

백1로 한칸을 뛰는 것이 상식이지만 흑2로 두칸을 뛰면 백은 3에 한칸을 뛰는 정도인데, 흑4의 붙임이 강력해 전체적으로 백이 갈라지는 듯한 느낌이다. 이런 식이면 집 부족이 될 공산이 크다.

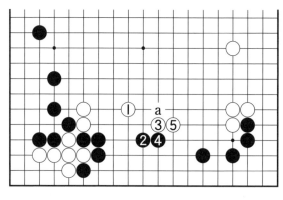

3도

3도(최선/ 두칸 뛴다)

백1로 두칸을 뛰는 것이 이른바 정석에 억매이지 않는 자유분방한 발상이다. 흑2에는 백3으로 씌우고 5에 늘어서 중앙이 두터워진다. 우변과도 멋진 호응이다. 백3은 a의 한칸도 있겠다.

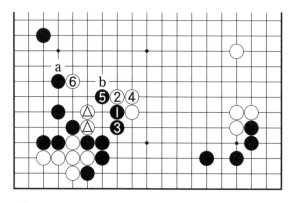

4도

4도(반격에는 버린다)

앞 그림 2로는 흑1로 반격할지도 모른다. 백은 2로 젖히고 4에 이어서 ◎ 두점은 버린다.

흑5에 백6의 붙임이 치열한 수. 흑은 백에게 a를 허용할 수는 없을 것이다. 흑a로 받을 때 백b.

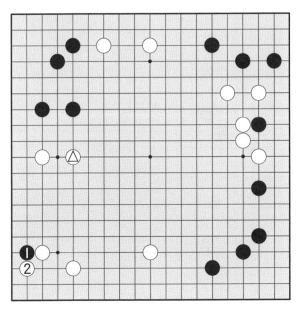

문제도

연습 테마

좌하 방면에 백의 모양이 대단하다. 소목 날일자굳힘에 양날개를 편 모습이고 백△의 한칸도 가세해 있어 입체화되기 직전이다.

흑1의 붙임은 삭감을 위한 응수타진인데, 백2의 안쪽 젖힘에 대한 흑의 구상은 무엇이 좋을지 생각해보자.

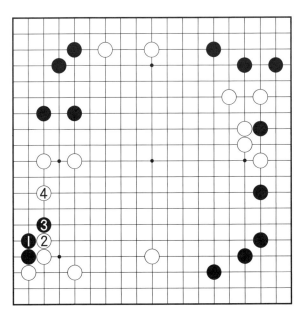

1도

1도(무거운 발상)

흑1로 끌어내는 것은 붙인 돌을 살려내겠다는 뜻인데 생각 자체가 바람직하지 못하다. 백2로 밀리면 운신이 벌써 거북하다.

흑3의 젖힘에 백4의 공격이 준엄하다. 무거운 발상의 표본이었다.

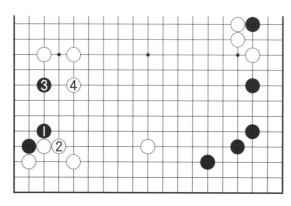

2도

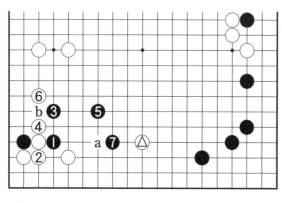

3도

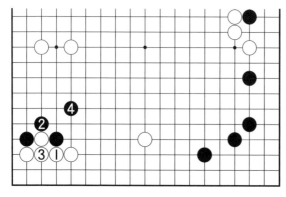

4도

2도(찬성할 수 없다)

흑1로 젖히는 것도 찬성할 수 없다. 백2에 흑3으로 두칸을 벌려도 백4의 한칸 꼬부림이 호수여서 고생문이 훤하다.

수습하더라도 바깥쪽이 다칠 공산이 크므로 골치가 아프다.

3도(추천/ 껴붙임)

흑1의 껴붙임이 이럴 때 쓰는 수법이다. 백2로 잇기를 기다려 흑3으로 뛴다. 백4가 절대일 때 흑5가 경묘한 행마이다.

백6이면 흑7로 갈라 백△와 동행할 수 있다. 백6으로 a에 받으면 흑b.

4도(백, 최악의 응수)

앞 그림의 변화. 흑이 껴붙였을 때 백1로 받는 것은 최악의 수이다.

흑은 2를 기분 좋게 선수활용하고 4의 날일자로 가뿐하게 틀을 잡는다. 가벼운 돌이기에 백은 공격할 엄두가 나지 않는다.

바깥쪽 젖힘일 경우

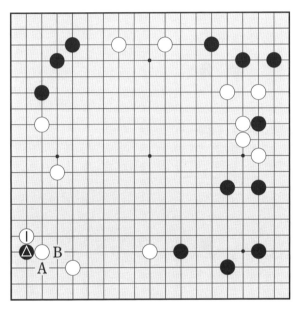

문제도

연습 테마

앞서와는 다소 다르다. 흑▲의 붙임은 이런 국면, 이런 배석에서도 효과적인 응수타진이다.

이번에는 백1로 바깥쪽에서 젖혀왔다. 흑A 같은 수는 백B를 불러 귀에서 살더라도 좋지 않다.

자, 흑은 어떻게 처리해야 할지 생각해보자.

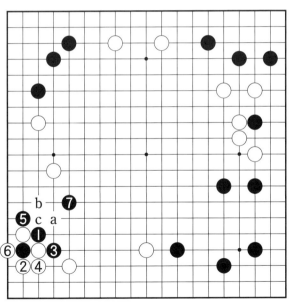

1도

1도(추천/ 맞끊음)

출발 지점은 흑1의 맞끊음! 여기서 백이 어떻게 응수하느냐인데, 2로 잡는 것이 보통일 것이다.

그러면 흑3, 5를 활용하고 7이 멋진 행마이다. 흑7로 a는 백b, 흑c로 되어 무거워진다.

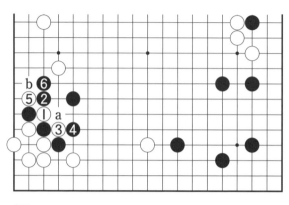

2도

2도(활용을 본다)

앞 그림에 이어, 백이 1로 끊어온다면 고마운 일이다. 흑2로 단수하고 4로 젖히는 것이 다음 활용을 보는 좋은 수법이다.

백5의 끊음에도 흑6으로 늘어 a나 b의 활용을 남기는 것이 묘미 있다.

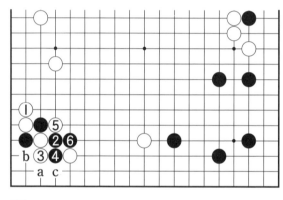

3도

3도(흑, 돌파하다)

흑의 맞끊음에 대해 백1쪽을 느는 것은 흑2에 몰고 4로 돌파하는 수를 불러 좋지 않다. 백5에는 흑a, 백b를 교환하지 않고 6의 꼬부림이 좋다. 백은 마땅한 후속수단이 없다. 백5로 a면 흑c.

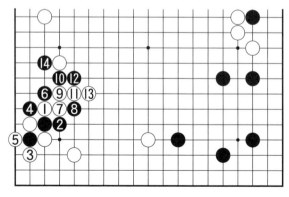

4도

4도(흑, 충분한 성과)

백1에 단수하고 3으로 흑한점을 잡는 것은 축이 유리함을 본 강력한 저항이다. 하지만 흑은 4에서 6, 그리고 8 이하 12로 계속 단수하고 14까지 좌변을 파헤쳐서 충분한 성과를 얻는다.

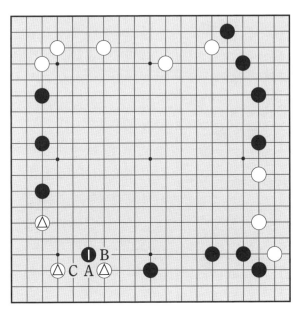

문제도

연습 테마

좌하귀의 상황에 주목
하자. 소목 눈목자굳힘
에서 두칸을 벌린 백△
석점으로 이루어진 형
태에 대해 흑은 상용수
법이 있다.

　출발점은 흑1의 어깨
짚음. 다음 백은 A, B,
C의 세 가지 응수가 있
다. 각각의 응수에 따른
흑의 대응법을 생각해
보자.

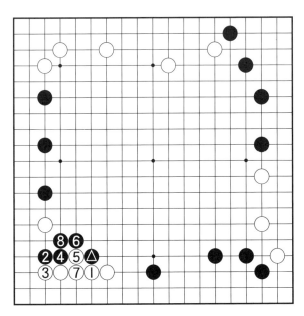

1도

1도(혁혁한 전과)

흑▲에 백1로 고분고분
받으면 흑2쪽에 들어가
는 것이 급소라고 알아
두기 바란다. 백3에 막
으면 흑4로 올라오는 수
가 안성맞춤이다.

　흑▲와 백1을 교환해
둔 효과가 나타났다. 이
하 8까지 백을 분단해
흑은 혁혁한 전과를 올
렸다.

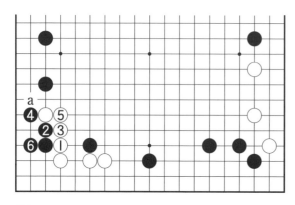

2도

2도(소기의 성과)

앞 그림 3을 백1쪽으로 눌러 막으면 흑2에 치받고 4로 건널 수 있다. 흑은 이 정도면 소기의 성과를 올린 셈이다.

흑6은 좌변 흑이 엷어진 점을 감안해 a로 끄는 것도 생각할 수 있다.

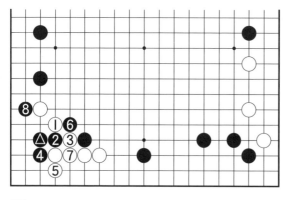

3도

3도(백, 완강한 수법)

흑▲ 때 백1로 마늘모하는 것은 완강한 수법이다. 쉽게는 건너게 해줄 수 없다는 뜻이다. 흑은 2로 나가고 4에 꼬부린 다음 6을 하나 선수활용하고 나서 8에 붙이는 것이 수습책의 일환이다.

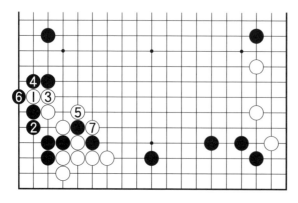

4도

4도(마음에 걸린다)

앞 그림에 이어, 백1에 흑2로 끌고 백3에 이을 때 흑4로 따라 막아 넘자고 하는 것은 좋은 수순이다.

그러나 흑6까지 선수로 생환한 것은 괜찮지만, 백7의 빵따냄을 준 것이 마음에 걸린다.

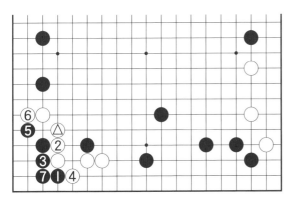

5도

5도(기상천외의 맥점)

백△에 대해 흑1로 이상한(?) 곳에 붙이는 기상천외의 맥점이 있었다.

백2로 이을 수밖에 없을 때 흑3에 막아서 산뜻한 모습이다. 흑이 7까지 여유 있게 살아서는 만족할 만한 결과이다.

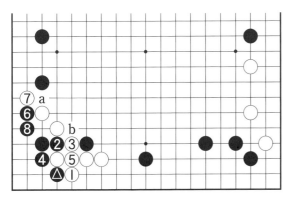

6도

6도(백의 다른 반발은?)

흑▲ 때 백1로 받으면 흑은 2에서 4로 단수하고 6에 붙인다. 흑8 다음 백이 a에 이으면 흑은 강력하게 b로 끊을 수도 있다. 귀는 이대로 살아 있으니까. 그렇다면 백의 다른 반발은 없을까?

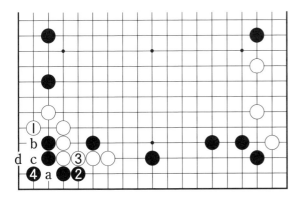

7도

7도(마늘모도 좋지 않다)

5도의 4로 백1에 마늘모해도 흑2, 4로 살아 버리므로 좋지 않다. 백은 껍데기만 남는다.

백3으로 4에 들여다보고 흑a, 백b로 잡으러 가는 것은 흑c, 백d, 흑3에 파탄이 날 뿐이다.

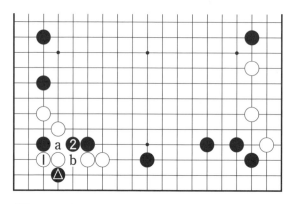

8도

8도(백, 망하다)

흑▲ 때 백1의 반발은 무리. 만약 이 수가 성립한다면 애초에 흑이 ▲로 붙일 리가 없다.

흑2로 살그머니 나가는 수에 백은 아연실색, 손을 들 수밖에 없다. a와 b가 맞보기여서 백이 망했다.

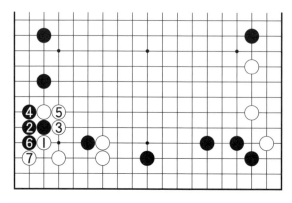

9도

9도(밀어올리는 수)

흑▲에 대해 백1로 밀어올리면 흑2쪽을 붙이는 것이 좋은 수가 된다.

다음 백a면 흑b로 늘어 앞서의 2도와 같은 수순을 밟는다. 오른쪽의 상황은 다르지만 대동소이한 결과이다.

10도(백의 마늘모붙임)

앞 그림에 이어, 백1로 마늘모붙이는 것이 강력한 응수이다. 흑2로 내려서면 백3으로 막겠다는 뜻이다. 백은 7까지 후수이지만 두텁다. 흑은 건너기는 했지만 조금 엷은 점이 불만이다.

10도

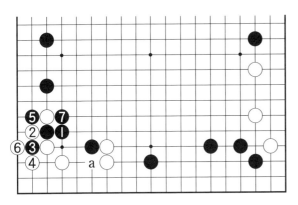

11도

11도(흑, 만족)

그러므로 앞 그림 2로는 흑1로 올라서야 한다. 백2에는 흑3으로 끊고 5에서 7로 바깥쪽을 두텁게 두어서 만족한다.

이다음 흑a의 차단수가 남아 있어 백은 가일수가 필요하다. 백4로~

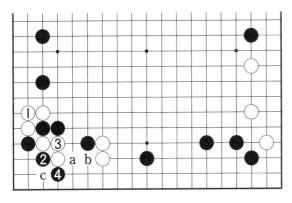

12도

12도(이단젖힘이 멋지다)

백1로 잇고 반발하는 수는 성립하지 않는다. 흑2에 단수하고 4로 이단젖히는 것이 멋진 수순이다.

다음 백a면 흑b로 뚫어버린다. 따라서 백c에 끊어야 하는데 흑a로 돌려치는 수가 통쾌하다.

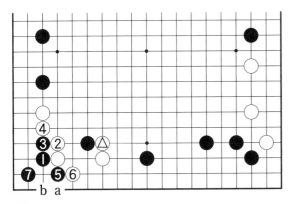

13도

13도(팻감이 관건)

백△로 밀어올린 시점으로 돌아가서, 흑1로 붙이는 것은 치열한 수법이지만 꼭 좋다고 볼 수만은 없다. 백2가 냉정한 응수여서 흑3 이하 7이 고작이다. 다음 백a, 흑b의 패는 팻감이 관건이다.

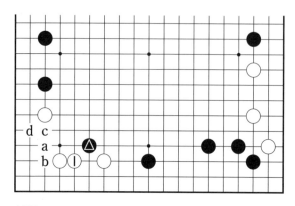

14도

14도(백의 쌍점)

흑△의 어깨짚음에 백1의 쌍점으로 늘어서는 수가 조금 까다롭다.

다음 흑이 a에 쳐들어 가면 백b로 막혀 별게 없으며, 그렇다고 흑c로 붙이는 것은 백d의 젖힘이 강인해 후속수가 궁하다.

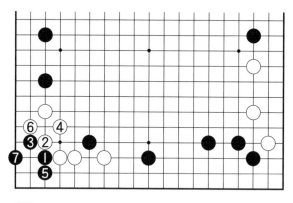

15도

15도(코붙임이 교묘)

뜻밖일지도 모르지만 흑1로 3三의 곳에 코붙임하는 것이 교묘한 맥점이다.

백2의 젖힘에는 흑3으로 되젖히는 것이 또 맥점이다. 백은 4로 물러서고 흑5, 7의 삶을 허용하는 것이 최선이다.

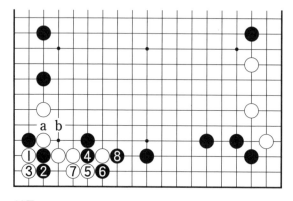

16도

16도(귀를 접수하면)

앞 그림 4로 백1로 끊고 3에 따라 막아 귀를 접수하려는 것은 흑4, 6을 불러 좋지 않다. 8까지 된 다음 여전히 흑a가 남아 있기 때문이다.

백1로 2쪽에서 몰면 흑a, 백1, 흑b가 있다.